JN041819

視覚障害指導法の
理論と実際

— 特別支援教育における視覚障害教育の専門性 —

前　書　き

　盲学校の中学部１年生と、校庭のセイヨウタンポポの観察をしたことがあります。その日は晴れていたので、たくさんの花が開いていました。その中に、閉じた花、すなわち、花が咲く直前のつぼみや咲き終わって閉じてしまった花もありました。一人の生徒が閉じた花を指先で触りながら、
「この花はこれから咲くものですか、それとも咲き終わったものですか？」
と尋ねました。

　私は、花全体の印象を見て判断して、「それは咲き終わったもの」、「それは、きっと明日咲くもの」と問われるままに答えていました。しかし、生徒が知りたいのは結論ではなく、触ったときに何をよりどころに区別ができるかなのだと思いなおし、生徒と一緒にタンポポを触りながら、両者の触感になにか違いがないかと考えていました。

　答えをみつけたのは生徒でした。それは、タンポポの株の中で、今咲いている花を基準にしたときに、「咲く前の花の茎は細くて柔らかい、咲き終わった花の茎は太くて固い」ということでした。触ってみるとたしかにその通りでした。さらに、綿毛をつけたタンポポの茎は麦わらのように固く太いことにも気づき、花の茎の生長の過程として理解することができました。

　タンポポの茎が次第に固く太くなっていくことは、言われてみればわかることです。しかし、目が見えていると、全体的な印象を視覚で判断してしまい、視覚以外の手段での観察はおろそかになってしまいます。実際、タンポポの茎が、花が咲く数日間に固く太くなるということを記した書物に、私は出会ったことがありません。

　盲学校の生徒と共に理科の学習をする中では、このような自然の本質に迫る「発見」がたくさんあり、それは教師にとっても嬉しいことでした。一方で、このような観察力や表現力は、生来身についているものではなく、系統的な観察体験の積み上げによってこそ育成される能力であることも明らかで

した。

その後、大学で教鞭を執る立場となり、学生を連れて盲学校の様々な教科の授業を見学したり、盲学校と共同の授業研究を行う機会がありました。そのような機会を通して、視覚障害児童生徒の指導には、各教科を超えた共通点があることがわかりました。それは、体験によるイメージの獲得、イメージの言語化、そして長い見通しのもとに獲得させる技術です。

本書には、理科を中心に、視覚障害児童生徒の指導法を具体的に示しました。それぞれの指導の実際から、体験、イメージ、言語、技術の関係を読み取っていただければ幸いです。

平成19年4月1日から、我が国においても、特殊教育から特別支援教育への移行が始まります。私は、すでにインクルージョンや特別支援教育に移行した欧米諸国を訪れて視覚に障害のある児童生徒の教育の実態を視察する中で、どの国においても、特殊教育の時代の視覚障害教育が構築していた専門性が、質・量ともに、その後のインクルージョンや特別支援教育における視覚障害教育の在り方を決めているということを痛感しました。

我が国における特別支援教育への移行に当たり、これまでの長い歴史の中で構築された視覚障害教育の専門性を今後の特別支援教育に確実に継承していくことが求められています。その重要な役割の一端を本書が担うことができれば、本書の出版に関わった者一同、これに勝る喜びはありません。

鳥山　由子

目　次

序　章　特別支援教育における視覚障害教育の意義

1．われら播きし一粒の麦

　創立58年になって本館の改築披露が行われた日本点字図書館が、50周年の時に発行した記念誌は、「われら播きし一粒の麦は」という題名であった。

　1878（明治11）年に、古河太四郎らの献身的な努力によって始められた京都盲唖院の教育（現京都府立盲学校）、1880（明治13）年に始まる楽善会盲唖院（現筑波大学附属盲学校）の障害児教育130余年の歴史を、ほんの少しではあるが、かいま見ても、励ましを受け驚嘆することのみ多く、日本点字図書館が記念誌の題名で問いかけているように、視覚障害教育における先駆者の播きし「一粒の麦」の思いを継承しているかどうかを考えると、自ら襟を正さざるをえない。

2．視覚障害教育の変遷と三つの変化

　視覚障害教育の歴史をひもといてみると、幾つかの変化をとらえることができる。

　その一つは、篤志家による私的教育から公教育へ、という変化である。京都盲唖院の古河太四郎らに続いて、1875（明治8）年、東京に楽善会が開設される。この創設に携わった人々は、イギリスの宣教師ヘンリー・フォールズやアメリカの宣教師ボルシャルトであり、楽善会を結成した文明開化期の知識人古川正雄、津田仙、中村正直、岸田吟香らである。続いて、明治20年代に10校、明治30年代に30校の私立盲唖学校が開設されている。これらの学校はいずれも眼科医や外国人宣教師、あるいは鍼按等に従事している視覚障害者などの篤志家によって開設されている。

　1890（明治23）年の小学校令には、市町村が盲唖学校を設置できること、また1900（明治33）年の改正小学校令では幼稚園と同様に小学校に盲唖学校を付設できる、としたが、これらはほとんど実効はなかった。1879（明治12）年、京都府に移管された京都盲唖院及び1885（明治18）年に文部省直轄となった楽善会訓盲唖院は、例外的な存在であった。公立の盲唖学校は1912（明治45）年の秋田県立盲唖学校が最初である。以下、大正年間になってようやく公立への移管の流れが本格化し、これにつれて視覚障害教育の充実が始まる。

　二つ目は、職業教育の重視から普通科教育重視の教育へ、という変化である。もともと江戸時代末期にも視覚障害者の職業としては鍼按と音曲（琴、三弦）があり、これらは徒弟制度によって伝習されていたものである。盲唖学校の開設は、この徒弟伝習の制度を学校が肩代わりする、という一面があったとも言うことができる。実際的にも職業的自立を図ることが急務であった、という側面があったと思われる。

　しかし、1923（大正12）年の盲学校及聾学校令で「盲学校ハ盲人ニ普通教育ヲ施シ・・」と規定されたことにより、初等部6年の普通教育と中等部4年の課程に普通科、音楽科、鍼按科が置かれることになり、これまでの職業教育の重視とともに普通教育も重視する教育が始められた。職業課程が高等部に移されたのは1948（昭和23）年盲学校・聾学校設置義務化の施行以後である。ちなみに養護学校の義務制施行は、1979（昭和54）年である。

　三つ目は、盲・唖学校から盲学校と聾学校を分離したことである。1923（大正12）年の盲学校及聾学校令は、視覚障害教育にとって画期的な側面を持つものであった。この内容を大きくまとめてみると、一つは、前述の普通教育の重視であり、二つ目は、全国の道府県に盲学校及び聾学校の設置を義務付けたことであり、三つ目が盲学校と聾学校の分離である。京都と東京における分離は、比較的早く行われた。しかし、他の多くの盲唖学校が分離したのは1948（昭和23）年の義務制実施以降のことである。

　視覚障害教育の歴史における三つの変化、（公教育へ、普通科重視の教育へ、盲聾の分離）は、点字の発明を始め、視覚に障害のある人々の学びと自

立のために、指導方法や教科書、教材等の研究や工夫に試行錯誤を重ねた結果の質的整備・充実とともに、今に続く数多くの先駆者の熱意と努力の賜物であった。我々はしばしば豊かさの中で、このような官民合わせた先駆者の血と汗の跡を、あるいは知らずに、あるいは忘れて、現在の状況に対する不満をかこつことが多いものである。歴史をひもといてみることの重要さの一つは、その当時の時代状況と条件の中で、課題の固い壁に穴をうがち続けてきた人々がいたことを知ることにもある。

3．視覚障害教育の現状と課題

　今後の盲学校の大きな課題の一つは、児童生徒数の減少と、これがもたらす様々な課題にどのように応えるかということである。1876（明治9）年、18名の在籍から、年々、就学児童生徒の増加を見、1959（昭和34）年には10,264名にまで増加した。この年の盲学校数は76校であるから、1校平均135名の在籍になる。ところが、2005（平成17）年度の70校の在籍児童生徒数は、3,809名、1校平均54名である。単純平均で示したが実際の在籍数は、1校10名以下の学校から174名の在籍数の学校までである。この児童生徒数の減少は、（1県1校の盲学校が35校あるとはいえ）全ての都道府県に盲学校が設置され、各県における視覚障害者の支援と自立に大きく貢献している現状を揺るがす課題となっている。また、短期間の人事異動やその他の理由とも相まって、長年、先人が苦労を重ねて培ってきた視覚障害教育の専門性を揺るがす課題ともなっている。（専門性の課題は、その原因を児童・生徒数の減少や短期間の人事異動等も大きな理由とは言え、これらにのみ求めることはできない。）

　さらに児童生徒数の減少と同時並行的にある、障害の重度化・多様化に応えることも大きな課題の一つである。

　2006（平成17）年特別支援教育資料（文部科学省）においても、幼稚部30％、小学部51％、中学部40％、高等部普通科で19％が重複障害の児童生徒である、と報告されている。しかし、実際には、普通学級に在籍する重複障害

児も多いことから、さらに各学部とも10〜20％を加味した数字が実態に近いものと推測される。

　職業教育における課題は、専門性のある指導とともに、職域の拡大がこの教育の初めからあり、今に続いている大きな課題である。近年の理療分野への晴眼者の爆発的な進出や社会の理解の遅れ、盲学校内の専門性の陶冶等に対しても対応が急がれている。

　社会における障害者の理解教育の推進は、今後もますます重要な課題である。中央教育審議会が打ち出した、心の教育や総合的な学習ひとつをとっても、これからの社会は、企業を含めて障害者や高齢者、乳幼児、多様な社会的弱者が、当たり前のように企業や地域社会の一員として活動し、生活し、存在している社会であることが求められている。特別支援教育が展開されている現在、障害児教育に携わっている私どもは、この分野でも、先達に習い、まず隗より始め、継承していきたいと思う。

4．改正学校教育法の展開

(1)　学校教育法の一部改正

　2006（平成18）年6月15日に、先議していた参議院に続き、学校教育法等の一部を改正する法律が衆議院を通過した。これによって、2007（平成19）年4月1日から、これまでの障害の程度等に応じて特別の場で指導を行う特殊教育から、障害のある児童生徒一人ひとりの教育的ニーズに応じて適切な教育的支援を行う、特別支援教育体制に移行することになる。なお、付帯決議で、参議院では11項目中2項目、衆議院は8項目中1項目で、視覚に障害がある児童生徒のために、国は拡大教科書・拡大教材の研究・普及・充実を図ることとしている。私ども視覚障害教育に携わる者にとっては特筆に値する決議である。

(2)　特別支援教育体制への移行の背景

　ここ10年ほどの間、文部科学省は、ノーマライゼーションの理念の実現を

目指した障害者に関する国際的な動向もあり、調査研究協力者会議を設置して、21世紀における特殊教育の在り方について検討を重ねてきた。この背景には、盲・聾・養護学校の外に、つまり地域の小学校や中学校等にも、学習障害（LD）や注意欠陥／多動性障害（ADHD）、高機能自閉症等の特別な支援を必要としている子たちがいること、これらの児童生徒は義務教育の全学齢児童生徒のおよそ6％と推計されること、また、同じく全学齢児童生徒の1.5％が在籍している盲・聾・養護学校在籍児のおよそ半数近くが重度化、重複化しており、多様化の傾向が著しいこと、さらに知的障害を中心に養護学校や特殊学級の在籍児童生徒が増加していること等の国内の動向もある。この度の学校教育法等の一部改正は、これら一連の報告や法令の学校教育における集大成という意味合いもある。

(3) 特別支援学校制度の創設

2006（平成18）年6月に、国会を通過した学校教育法等の一部改正の骨子は以下の通りである。

① （特別支援学校への一本化）

盲・聾・養護学校を障害種別を超えた特別支援学校に一本化すること。

（第1条）

② （各障害種別教育の明示）

特別支援学校においては、障害者に対する教育のうち当該学校が行うものを明示するものとすること。（第71条の2）

③ （センター的機能の発揮の努力義務）

特別支援学校においては、在籍する児童生徒に対する教育を行うほか、障害により教育上特別な支援を必要とする小中学校等の児童生徒等の教育に関し、「必要な助言または援助」を行うよう努めること。（第71条の3）

④ （小中学校等に特別支援教育を義務化）

小中学校等における特別支援教育の推進として、特殊学級を特別支援学級に改めるとともに、教育上特別な支援を必要とする児童生徒に対して、

障害による学習上又は生活上の困難を克服するための教育を行うこと。

（第75条）

⑤その他、教育職員免許法の一部改正の内容
・（特別支援学校教員免許状の一本化）
　盲学校、聾学校、養護学校ごとの教員の免許状を、特別支援学校の教員の免許状とすること。（第2条）
・（教授する障害教育領域の明示）
　特別支援学校の教員の免許状の授与には、科目修得の状況等に応じて特別支援教育の領域を定めて授与すること。（視覚障害教育領域等）（第2条1）

⑷　特別支援教育の課題

　特別支援教育は、ノーマライゼーションの理念の実現を教育面で図る、日本型の教育という一面を持っている。このことの是非については、今後も論議・検討されていくことと思う。ここではむしろ、パラダイムの変換の最中にあって、視覚障害教育を直接に担当している者として、特別支援教育の基本的な考え方として示されている、次のことに注目して努力を傾注していく必要があると考えている。

　「特別支援教育は、従来の特殊教育が果たしてきた役割や実績を否定するものではなく、むしろ、これを継承・発展させていこうとするものである。」「したがって、特別支援教育は、これまで特殊教育の枠組みの下で培われてきた教育水準や教員の専門性が維持・向上できるような方向で推進されることが必要である。」（「今後の特別支援教育について」最終報告2003（平成15）年3月）。

　感覚障害教育領域（視覚障害教育や聴覚障害教育領域等）においては、これまで殊に盲・聾・養護学校を「障害種別を超えて特別支援学校に一本化すること」や「免許状の一本化」に関して、心配や疑義があった。このことは、視覚障害教育における自立活動や教科指導等の特別な、しかし明確な専門性

のある指導内容等がなおざりにされ、薄められ、結果的に視覚障害児の教育的ニーズに応えない教育が行われる可能性があることを心配した声であった。これまでの国内の状況や動向等をみてみると、こうした心配や疑義は、あながち取り越し苦労とばかりは言えないかもしれないという不安がある。社会におけるノーマライゼーションの理念は進展させるべきであるが、視覚障害教育の専門性は、あくまでも充実され、確保された上でのノーマライゼーションの進展であるべきことは、当然の前提でなければならない。この度の法律案では「特殊教育」から「特別支援教育」への転換を図りながら、例えば視覚障害教育を単独に行う特別支援学校は、従来通り盲学校という呼称も可能であることや、従来の盲学校教員免許状が、特別支援学校教員免許状（視覚障害教育領域）となるなど、専門性を重視した内容となっている。

　一方、特別支援学校には、センター的機能の発揮が求められている。しかし盲学校について言えば、その半数が各県に唯一の盲学校であるという状況や、歴史的背景等により、これまでもセンター的機能を発揮してきた。したがって、地域への支援と言っても殊更目新しい努力義務でもない。

　視覚障害教育の課題は、むしろ、開拓期や発展・充実期にはあった自由な発想や柔軟な取り組みを、全ての視覚に障害のある人のために、固く閉めてしまいがちな学校の門を大きく開き、本来的に難しいことの多い、しかし、それ故に喜びや期待も大きい視覚障害教育の専門性を学び、蓄え、それぞれが置かれた場で、地域や国内、アジア等に発信する姿勢を持ち続けることではないかと考えている。

5．これからの盲学校と視覚障害教育の意義

　全国盲学校長会は、毎年、正月松の内過ぎの最初の土曜日に、全国に散っている視覚障害教育の関係者、盲学校長・教頭等、大学、研究者等の有志に呼びかけて「これからの視覚障害教育を考える懇談会」を行ってきたが、既に第5回となった。特別支援教育への転換に当たり、2005（平成17）年には「盲学校の必要性に関する緊急アピール」を出した。これからの盲学校は、

直接の当事者として、盲学校自身がこのアピールを重く受け止めて励むことが必要である。（以下、抜粋）

①盲学校は、その多くが各都道府県唯一の視覚障害教育の支援・資源センターとしての役割を担っており、他にこの役割を担う機関はありません。

②見えない子どもたちは、「指先を目として学ぶ子どもたち」です。その教育実践では、教員の高い専門性と特別に工夫された教材・教具や指導法が不可欠であり、その専門性の継承・発展のための確かな場としての盲学校が必要です。

③盲学校は、地域における視覚障害教育のセンターとして長年にわたり多様な支援を提供してきました。

④盲学校は、教育分野以外の面でも各地域の視覚障害資源センターとして、多面的な役割を果たしています。

⑤視覚障害は、もっとも人数の少ない障害であるからこそ、その子どもたちの教育的ニーズに適切に応じ得る機関として、盲学校を必要としています。

⑥視覚障害と他の障害のある重複障害児には、視覚障害教育の専門性が当然必要です。

　特別支援教育への移行が確実となった状況のなかで、これからの盲学校が成すべきことは、一層明確になってきたと言えるのではないかと考えている。盲学校等は、視覚障害教育について、より専門的な指導を、学校内外に行う特別支援学校（視覚障害教育）として、以下のようなことを追求していく必要がある。

①視覚障害教育の専門家集団としての自覚と人材の育成・継承

②特殊教育から特別支援教育への意識改革

③センター的機能の充実とこれを可能にする校内組織改革

④個別の教育支援計画の策定をツールとして、地域の医療、福祉、労働等関係機関とのネットワークの構築

⑤視覚障害教育、殊に各教科・領域の専門性の充実とネットワークの構築

⑥自由な発想による、柔軟な支援

　地域の小中高等学校のみならず、他の障害教育や国内、アジア等への視覚障害教育の教材、指導内容、方法、教育課程、研究等の支援・連携

　130年余の歴史を刻んで、指導内容や指導方法、教材・教具に工夫を凝らして特殊教育を先導してきた視覚障害教育は、戦後の教育改革に匹敵すると言われるこの度の教育改革のなかで、求められている専門的な指導によって、一層特色ある存在として立ち続ける必要がある。なかでも、直接的に視覚障害教育に携わっている私どもは、視覚障害教育の専門家としての蓄積・継承とこれを提供することで、視覚障害教育の未来を、一緒に、身近な足下からつくっていきたいと思う。

6．真の医師に似て

　2005（平成17）年6月、国立オリンピック記念青少年総合センターで行われた全国特殊学校長会の最終日の午後、全国盲学校ＰＴＡ連合会の総会・研修会が持たれた。研修課題は「視覚障害児童生徒の教科指導」、講師は筑波大学鳥山先生である。参加者は、全国の盲学校ＰＴＡ会長や副会長、校長等約90名であった。

　90分の講演終了後、幾人もの人が鳥山先生を囲んだ。そこに入れないでいた何人もの校長やＰＴＡ会長が、私の所に寄っては、興奮したように口々に伝えて言った。「こういうお話しが聞きたかった」「視覚に障害のある子の指導のために何が大切か、今日ほどはっきり分かったことはなかった。」

　こうした感想の中で、「僕は行政にいたせいか、教育の裏側や疑いに先に気がついてしまって、ただ成果を挙げたり改革課題を解決したりする方にばかり心が向いていた。しかし、今日は視覚障害教育の普遍性と、教育が目指すべき在り方や理想をこういう形で実践してきた先生がいた。今日の出会いと講演に、いたく感激している。明日学校に帰ったら今日の資料を教員分コピーさせていただいて、1時間の伝達講習会をやるつもりだ。」その年、教育委員会から盲学校長に異動したばかりの校長の感想である。

　集まっていたＰＴＡ会長等も昨日までは一保護者だった方が多い。また校長も少なくとも三分の一はその年に盲学校長になったばかりの人である。その方々に、豊富な実例を交えて視覚障害教育における専門性と視覚障害教育の目指すものを語って、多くの人に喜びと感動を与えられた講師は、その時、まさに専門家として「難しいことをやさしく、やさしいことを深く、深いことを愉快に（井上ひさし）」語られる、実践者の頂点におられた方々のお一人になった、と思ったところである。

　スイスの医師・哲学者マックス・ピカート（1888〜1965）は「教師は単に生徒より知識があるだけでなく、具体的に授業を始める前に、既にその人から教えが発散する一人の人として存在しなければならない。それは真の医者のようなもので、真の医者は、彼が病室に入ってくれば、患者を診察したり薬を処方する以前に、既に彼の体から治療が発散している。」と言っている。いつからか、鳥山先生はこうした存在者のお一人として在ったかもしれないと思ったところである。少なくとも2005（平成17）年６月の全国盲学校ＰＴＡ連合会での講演の際は、そこに参加していた一人として、そうであったと思う。

　2007年４月、これまでの特殊教育から特別支援教育へパラダイムの変換が起こる。この時にあたって視覚障害教育の歴史と、教育の中で視覚障害教育が置かれてきた場を瞥見してきた。つくづく思うことは、視覚障害教育は、今後ますます教科や領域の専門性の土台が揺るがされることになるのではないか、そのため、各教科や領域の専門的な指導法等を一層深め、これを確実に継承させることが最優先の課題となってきた、ということである。

　筑波大学鳥山由子先生は、ご自身の生涯を一貫して、視覚障害教育の教科指導の専門性を、理科教育を基に指導法や教材・教具の研究と実践・指導に捧げてこられた。教えをいただく機会を得た者たちは、驚きと感謝を持って、鳥山先生の思いは、日本点字図書館の50周年記念誌の題名にあったように「われら播きし一粒の麦」の思いと重なるのではないかと思う。

　本編には、鳥山先生のそうした思い、あるいは願いがこもっている。

　この本が、視覚障害教育の専門性を求めるあまたの関係者、殊に教師、学生、研究者にとって、必携の本となることを心から願う。

（皆川　春雄）

第Ⅰ章　観察と実験から学んだ視覚障害理科教育の本質

高校化学分野の実践から

　筑波大学附属盲学校高等部における化学の授業は、筆者が担当していた当時は、第2学年と第3学年でそれぞれ2単位ずつの必修科目となっていた。各学年とも週あたり2時間の授業を2時限続きで行い、1回の授業を実験・実習と講義の両方で構成するのを通常の形としていた。

　一般の高校における化学実験では、視覚的な情報から変化をとらえることが多いが、化学変化には視覚的な変化ばかりではなく、温度、匂い、音、質感など人間の様々な感覚に対応する変化が含まれている。そこで、視覚に頼らずに、化学変化が本来持っている多角的な情報を自分の感覚でとらえることが、盲学校における化学実験の基本となる。

　また、実験や実習を行いながら生徒に考えさせ、一つひとつの定義や概念を定着させながら次の概念に進むためには、実験・実習と講義とを切り離さない授業形態が必要である。盲学校の場合には、自然の事物に対して経験が少ない生徒を対象にしているわけであるから、実際の物質と関連させながら化学の概念を理解させる意義は、極めて大きいと言える。また、少人数で静かな雰囲気で実験ができる盲学校の授業環境は、実験と講義を切り離さずに、臨機応変に切り替えていく授業を可能にしている。

　以下では、高等部化学の授業実践について具体的に紹介し、そこから見えてくる盲学校理科教育の原則について述べる。

ｉ　視覚に頼らない化学の基礎実験

1．温度で見分けた溶解性

　高等部の化学の授業でアルコールについて学習していた時のことである。その時間のテーマは、5種類のアルコール（メタノール、エタノール、1－プロパノール、2－プロパノール、1－ブタノール）を材料にして、アルコール中の炭化水素の原子団（アルキル基）の違いが、アルコールの性質にどのように影響するかを調べることであった。

　そのための実験の一つとして、それぞれのアルコールを水と混ぜ、一様に混ざり合うか、それとも二層に分かれるかを観察する計画を立てた。実験方法はアルコールと水を混ぜるだけ。混ぜた後の液体に境目が見えれば「二層に分かれた」といい、境目がなければ「一様に混ざり合った」と判断する。

　視覚障害生徒は、このような時、感光器という器具を使う。これは、半導体の働きによって、光の明暗を音の高低に変える視覚障害者用実験器具で、化学実験では色の変化や沈殿の生成を見るために欠かせないものである。

　感光器を試験管の外壁に**写真1－1**のように当て、ゆっくりと上下に動かしながら観察する。

　まず、液面より上の空気のある所に感光器を当て、試験管の壁に沿って静かに感光器を下に移動させると、空気と液体との境目の所で感光器のプーという音の高さが変わる。さらに感光器を下に移動させると、液が二層に分かれている場合はその境目で音が変化する。

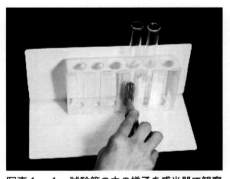

写真1－1　試験管の中の様子を感光器で観察

　授業では、この方法によって生徒が実験を行い、各グループが同じ結果を得たことが確認された。その時、ある生徒から「アルコールと水が混ざり合う時は温度が上がるが、混ざり合わない時は温度が上がらない。だから、温度の変化に注目すれば、感光器を使わ

なくても判断できるのではないか」という意見が出された。

　確かに、エタノールと水を混合した時にかなりの発熱があることはよく知られている。そこで生徒のアイディアを取り入れ、温度変化に注目して再び実験することにした。すると、その生徒から「温度の上がり方がアルコールの種類によって違うような気がするから、温度の上がり方の序列をつけてみよう」という提案があったので観点に加えた。

　実験の結果はどのグループも共通に、水と一様に混ざり合ったアルコールは、発熱の大きい方からメタノール、エタノール、２－プロパノール、１－プロパノールの順で、二層に分かれてしまう１－ブタノールでは発熱が感じられなかった。

　表１－１は、この実験を再現してその時の温度変化を温度計で測定した結果で、生徒の実感と一致している。

　この表から分かるように、水とアルコールが混ざり合えば温度が上がる。また、その時アルコール分子中のアルキル基が小さいほど、温度上昇が大きい。さらに、１－プロパノールと２－プロパノールの温度上昇が違うことからは、分子の形の違いが水に対する混ざりやすさに関係しているのではないかという考え方も生まれてくる。

メタノール	18.0→25.6
エタノール	18.9→24.8
１－プロパノール	18.7→20.2
２－プロパノール	18.6→22.7
１－ブタノール	17.4→17.4

表１－１　アルコールと水、各５cm³ずつを混合した際の温度変化（混合前の温度[℃]→混合後の温度[℃]）

　一方視覚的な観察からは、各アルコールが水と混ざり合うかどうかの判断はできるが、混ざりやすさに序列をつけるためにはさらに電解質を加えるなどの実験操作が必要である。したがってこの実験の場合は、温度に注目することにより、より本質的な情報を得ることができたと言えるだろう。

　なお、温度上昇の違いをみる場合、手が温かいと温度上昇が分かりにくいので、水で十分に手を冷やしてから実験するのがコツである。

２．耳でとらえる中和点

　中和滴定実験という言葉からは、ビュレットが並ぶ実験室の光景が目に浮かぶ。しかし、目の不自由な生徒がビュレットの目盛を正確に読むことは困難である。そこで工夫したのが、**図１−１**のような装置による「ウェイトビュレット法」と名付けた方法である。

　この方法では、ビュレットの代わりにポリエチレン製の滴びんを使い、滴定に要した液体の質量を測定し、それを体積に換算する。質量測定にはパソコンで音声化した電子天秤を用いる。ビュレットを使えば滴定に要した水溶液の体積を直接測定することができるが、ここでは重さ（ウェイト）を量ることでビュレットの役割を代用させたのが、「ウェイト　ビュレット法」の名前の由来である。近年、コンピュータや電子天秤などが普及し、精度の高い測定を行うことができるようになった。

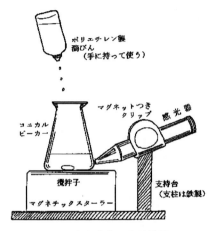

図１−１　中和滴定の実験装置
（ウェイト　ビュレット法）

　中和点を知るためには耳が活躍する。実験が始まると、実験室に感光器のブーという信号音が響き始める。目の不自由な生徒たちは、この音の変化によって指示薬の変色をとらえるのだ。

　コニカルビーカーには濃度未知の酸の水溶液に、指示薬としてフェノールフタレインを加えたものが入れてある。この水溶液の一定量を正確にとるために、定量ピペットを使う。ピストン操作だけで一定量の液体をとることができる定量ピペットは、目の不自由な生徒にとって利用範囲の広い便利な器具である。

　いよいよ滴定が始まる。感光器の音に注意しながら、滴びんの水酸化ナトリウム水溶液を滴下する。この時、コニカルビーカー内の液体はスターラー

で攪拌し続ける。フェノールフタレインの色が赤紫色になると、感光器の音が低くなる。ここが中和滴定の終点である。

　再び滴びんの質量を測定する。滴定の前後での質量の差が、滴定に要した水酸化ナトリウム水溶液の質量である。あらかじめ、求めておいた水溶液の密度を用いて質量を体積に換算する。

　このようにして、目の不自由な生徒も中和滴定のような定量実験をすることができる。

３．実験がすべての始まり

　中和滴定の単元においては、先に中和の公式の講義があり、それを確認するために実験をするのではなく、実験によって、生徒が、中和反応の量的関係に気づいていくようにしたいと考えている。そこで、酸・塩基が過不足なく中和する条件を見つける、すなわち中和の公式を導く授業は、次のような順序で展開してみた。

①「塩酸を、同じモル濃度の水酸化ナトリウム水溶液で中和しよう。塩酸と、水酸化ナトリウム水溶液の体積はどのような関係になるだろうか」

　この問いかけには、生徒全員が、「同じ体積ずつで中和される」と答えた。そこで、実験を行い、予想が正しかったことが確認された。

②「今度は、①の実験の塩酸を硫酸にしたらどうか」

　この問いかけに対して、生徒の意見は二つに分かれた。すなわち、「モル濃度が同じだから同じ結果になる」という意見と、「硫酸は一分子中に２つの水素イオンを持つので、①の時の２倍のアルカリが必要だ」という意見である。

　ここで実験を行って、後者の予想が正しいことが証明された。このことから、中和の際にはイオンのモル数が大切なこと、すなわち酸や塩基の価数を考慮しなければならないことが理解できた。

③「今度は、①の塩酸と同じモル濃度の酢酸を使ったらどうだろうか」

　この問いかけに対しては「酢酸は一価の酸だから、塩酸と同じ結果になる」という意見と、「中和反応ではイオンの濃度が本質だから、電離度の低

い酢酸はごく少量のアルカリで中和されてしまう」という意見がでた。

そこで実験を行って、塩酸の場合と同じ結果を得た。この時には、実験をしながら、その理由を考え、電離平衡の移動に気づく生徒も現れた。この実験からは、中和反応における量の関係に電離度は関係しないことが理解できた。

このように実験しながら考えを進めていくのが、私たちの化学の授業の特色である。

（鳥山　由子）

原典：『ペンギン』,10,28-31.SEC出版（1995）.

ii　モルを理解し使いこなすための、実験と講義の連携を重視した授業

1．授業の枠組み

（授業の目標と指導方針）

目　　　標：

モルという単位の便利さを実感させ、単位として使いこなすことができるようにするために、実験と講義を組み合わせた新しい指導法を構築する。

指導方針：

①モルの定義を与えるのではなく、モルの定義に生徒が気づいていくような、一連の活動を用意する。

②モルの定義ができたら、具体的に使いこなすために、モル単位で物質の量を測定する実習を行う。その後の実験でも積極的にモル単位で測定する。

③実験計画の立案時に、使用する薬品の量を考えさせたり、また、実験結果の考察をする中で生徒がモルの便利さに気づくようにする。

（授業の実施時期）

1994（平成6）年6月〜7月

授業は毎週1回で、1回の授業は2時間続き（100分）である。

8回（8週間）の連続した授業を行う。

（指導計画の概要）

指導計画立案上の方針と配慮事項

・モルを単位として使いこなすことを第一にする。

・化学変化に伴う物質の量を考えるために、モルという単位の便利さを実感させる。

・少人数の利点を生かして、対話を大切にし、生徒の気づきを見逃さない。

・数学の学力の低い生徒に配慮し、できるだけ計算に対する抵抗感を取り除く工夫をする。

（一連の授業の構成）

　指導計画は、実験1～3、実習1～4にモデル実験1回を加え、実験や実習をしながら、16授業時間で、物質量、気体1molの体積、モル濃度、化学変化に伴う物質の量の関係を学習することとする（**表1−2**）。各授業の概要と、授業の流れは次の通りである。

表1－2　指導計画

授業の流れ（各回の配当時間は2授業時間＝100分）

第1回目　実験1　炭酸カルシウムから発生する二酸化炭素の質量の測定

第2回目　実習1　金属棒の質量の測定
　　　　　講義　　単位としてのmolの導入、原子量、分子量

第3回目　実習2　モル単位で、いろいろな単体を量る
　　　　　講義　　1molの原子の数

第4回目　講義と演習　化学変化に伴う量の関係
　　　　　　　　　　　（実験1の考察を兼ねる）

第5回目　モル概念を理解するためのモデル実験

第6回目　実験2　マグネシウムと塩酸の反応により発生する水素の体積の測定
　　　　　講義　　気体1molの体積
　　　　　　　　　化学変化に伴う気体の体積（実験2の考察と演習）

第7回目　講義と演習　モル濃度（実験2で用いた塩酸中の塩化水素の質量から導入し、定義を与える。）演習、溶液中の溶質の量
　　　　　実習3　モル濃度溶液の調整（結晶水のないもの）
　　　　　　　　　溶液の濃度と出来上がりの量の指示に従って、水溶液を作る。

第8回目　実験3　硫酸銅の結晶中の結晶水の定量
　　　　　講義　　結晶水の定義、結晶水を持つ結晶の水溶液のモル濃度
　　　　　実習4　硫酸銅の水溶液を指定されたモル濃度で調整する。

2．各時の指導内容

（第1回目）

実験1　炭酸カルシウムから発生する二酸化炭素の質量の測定

　炭酸カルシウム2gが十分な量の塩酸と反応した時に発生する二酸化炭素の量を調べる方法を生徒に考えさせる。初め、生徒は発生する気体を集めて体積を調べる方法を考えるが、やがて、中学校で既習の質量保存の法則を利用することに気づく。すなわち、反応前の物質の質量の総和と反応後の物質の質量の総和は、質量保存の法則により等しいはずであるが、実際には発生した気体が逃げるために反応後の質量は小さくなる。この質量の減少分が気体の質量である。

　次に、反応前の物質の質量と反応後の物質の質量との差を求めるにはどうしたらよいか、具体的な実験方法を生徒に考えさせる。生徒は、初め「物質の質量」という言葉に気をとられて、滴びんやビーカーなどの器具の質量を除かなければならないと考えるが、話し合っているうちに、風袋ごと反応に関係した全てのものの質量の和を求めて、反応の前後で比較すればよいことに気づいてくる。

　ここまでの話し合いで15分から20分の時間が必要であるが、このような実験は、生徒が受け身であると何のために何の量を測定しているのかが分からなくなるので、時間がかかっても、生徒自身が見通しをもって実験することの意義は大きい。

　この実験は、丁寧に操作し、しっかり気体を追い出せば、初心者でも発生した気体の質量は約0.80g～0.90gという、理論値（0.88g）に近い結果が得られる。第4回目の授業で、この実験結果とモルを使った計算結果とを比べた時、両者が一致していることで、生徒がモルの便利さに納得する。この展開を効果的にするために、ここでできるだけ理論値に近い結果を得ておきたいのである。

　この授業では、生徒はこの実験結果に満足している。理由は、どのグループもほぼ同じ結果が得られるからである。この授業の終わりに「実は、この

実験結果を計算によって予測することができる」ことを教える。そして、そのような計算ができるようになりたくはないかと問いかけると、実験の成就感も手伝って、「やりたい」と生徒は答える。そこで、そのためには次の授業から新しい単位を学習する必要があることを話し、第1回目の授業を終える。

（第2回目）

実習1　金属棒の質量の測定　（上皿天秤の使い方、モルの導入）

作業1　市販の教材（鉄、銅、アルミニウム、炭素の各1molが直径1.5cmほどの棒状になっているもの）の質量を上皿天秤で測定する。

作業2　原子量一覧表から予想した単体（鉄、銅、アルミニウム、炭素）の原子量の数字が、測定した質量の数値に酷似していることに気づく。

講義1　単位としてのmolの導入、原子量、分子量

　この段階の定義として、「原子量とは、一番軽い水素原子を基準にして、他の原子がその何倍の重さをもっているかを表す数値である。」とする。そのことにより、「原子量12の炭素原子は水素原子の12倍の重さ、原子量27のアルミニウムの原子は水素原子の27倍の重さである」ことになる。さらに教師との問答により、質量比が12：27であった炭素の棒と鉄の棒は同じ数の原子でできていることに気づいていく。この時点ではまだ半信半疑の状態であるが、このように、不思議に思う気持ちを大切にしながら、論理的にはそうとしか考えられないという結論に生徒自身が到達できるようにすることが大切である。このようにして、測定した4本の棒は同じ数の原子からできていることを生徒自身が理解したことを確認し、「1mol は、（原子量）[g] である」ことを説明する。

（第3回目）

実習2　モル単位で、いろいろな単体を量る

①モル単位でいろいろな物質の単体の質量を量り、単体ごとに物質名、元素記号、物質量、質量をカードにまとめる。

②化合物（塩化ナトリウム、水など）について、指示されたモル数を量りと

り、単体の時と同じようにカードを作る。カードと物質をセットにして回覧し、他のグループのものを観察する。

③1molとは、6×10^{23}個の粒子の集合体であることを教える。

（第4回目）

講義と演習　化学変化に伴う量の関係（実験1の考察を兼ねる）

　実験1の化学方程式を示し、化学反応式とは反応前と反応後の物質を書いたものであることを説明する。生徒は、他に化学反応式から分かることはないか話し合う中で、「化学反応式には、反応に関わった物質の量も書いてある」ということに気づいていく。

　炭酸カルシウムは1molが丁度100gであるから、実験に用いた2.00gの炭酸カルシウムは1/50molになり、発生する二酸化炭素も1/50mol、すなわち0.88gであることが、容易に計算できる。この理論値と、第1回目の授業の実験結果を比較して納得していくのである。

　ここまで直感的に理解できてから、比例式を立てて、それを解く方法を理解させ、類似問題の演習を行って、第4回目の授業を終える。

（第5回目）

　モル概念を理解するためのモデル実験（米、小豆、大豆を使って）

①米、小豆、大豆、それぞれ一粒の重さを工夫して量る。（100粒の重さから平均値をだす。）

②米、小豆、大豆の重さの比をとる。さらに一番軽い米を1とした場合の比を求める。

③②で求めた比をグラム単位にして、米1g、小豆9.5g、大豆16gを量り、その中に何個の粒があるか数える。

表1－3　結果の一例

	100粒 →	①1粒 →	②米を1とした 場合の比 →	③比をg単位にした 場合の粒の数
米	2.00g	0.02g	1	（1g）50粒
小豆	19.30g	0.19g	9.5	（9.5g）49粒
大豆	32.05g	0.32g	16	（16g）50粒
	↓	↓	↓
モル概念	「原子1個の質量」	「原子量」	「mol」

④①から③で用いたモデルを原子に結び付けながら、モル概念を理解させる。

　ここまでくると、同じモル数の物質には、同じ数の粒子が含まれていることを実感できるようになり、問答をしても、すらすらと答えが出るようになる。

（第6回目）

実験2　マグネシウムと塩酸の反応で発生する水素の量を調べる。

　マグネシウム0.12gを塩酸と反応させて、出てくる気体の量を調べる方法を考える。生徒は初め、実験1と同じ方法でやろうとするが、計算してみると発生する水素の質量は0.01gにしかならないことが分かる。そこで、気体1molの体積が22.4lであることを教え、水上置換法で気体を集めることにする。発生する気体を逃がさない方法を考えさせ、二又試験管を導入する。

（第7回目）

講義　実験2では、発生する水素を計算したが、反応に使われた塩酸中の塩化水素の量を考える。モル濃度について説明し、練習問題を行う。

実習3　モル濃度溶液の調整

　溶液の濃度と出来上がりの量の指示に従って、水溶液を作る。

（第8回目）

実験3　硫酸銅の結晶中に含まれる水の量の測定

　実験を通して結晶水の概念を導入し、モルを使うことによって、1molの結晶に含まれる結晶水のモル数を決めることができることを学ぶ。

実習4　指定されたモル濃度の硫酸銅の水溶液を作る。

　結晶水は水溶液中では溶媒となることを理解し、0.1mol/lの硫酸銅水溶液か、0.2mol/lの硫酸銅水溶液のどちらかを作る。

3．授業の分析と評価

　従来の指導においては、授業で習ってもしばらくすると、多くの生徒が「モル」という名前は知っていても、自分から使いこなすことはなかなかできなかった。その理由は、定義が先行する指導法に原因があると考え、まずは、物質を通してモルを単位として使いこなす力を付けるようにした。極言すれば、モルの定義を言えなくても、モル単位（質量、粒子数、気体の体積、濃度）で物質を扱うことができることの方が大切なのである。これは、メートル、キログラムなどと同じように、定義よりも量の感覚を伴って使いこなせるようにすることが先決だという考え方だとも言える。

　一連の授業の最初の方では、生徒はモルとは無関係に実験を行っていた。やがて、物質1molを量る実習に入り、生徒たちはモルを使って物質の量を扱うことができるようになった。しかし、この頃はモルの便利さについては理解ができていなかった。生徒の中から、モルの便利さに感嘆する声が出始めたのは第4回目の授業で、第1回目の授業で行った実験の炭酸カルシウムの質量と発生する二酸化炭素の質量の関係が、モルを使うと明快に予測でき、実験結果とも合致することを知った時である。

　この一連の授業を通して、生徒はモルを使って常に物質の量を考えることができた。ただし、計算が苦手な生徒がつまずかないよう、扱う数量は計算上の負担のないように工夫した。

　その後の授業でも、全員がモルを単位として使っている。例えば、酸・塩基の中和反応で物質のモル濃度から、与えられた水溶液に含まれるイオンの

数をモル数で答えるといった光景が日常的に見られた。

　この授業を通じて構築された指導法では、実際の物質の量を実感しながらモルを学び、学んだ概念を実物に応用する過程を通して、生徒がモルを使いこなす力を身に付けた。これは、このような実験と講義を切り離さず、対話によって生徒が気づいていく指導法の有効性を物語っていると言ってよいだろう。

（鳥山　由子）

❷ 中学生物分野の実践から

　筑波大学附属盲学校では、1975（昭和50）年度から、中学部理科第二分野のうち生物の学習内容を、次のように3年間に割り振った独自のカリキュラムを実施している。

　第1学年（週2時間）生物の多様性
　第2学年（週1時間）細胞、ヒトのからだ
　第3学年（週1時間）ヒトのからだの続き、生物どうしのつながり

　理科第一分野、すなわち物理、化学の分野では、一般の中学校用の実験や観察に実験方法や器具の工夫を加えることで、盲学校でも基本的に同じやり方が可能なため、ほとんど教科書の順序に沿ったカリキュラムが立てられている。しかし、生物分野の学習については以下に述べるような理由により、盲学校独自のカリキュラムを立案する必要があった。

　第一の理由は、一般の中学校での生物の学習が、顕微鏡の使い方を含めてミクロな生物の観察中心となっており、そのままでは盲学校の生物の学習には不適当であったということにある。そこで、学習指導要領の目標は押さえた上で、触ることができるマクロな生物の観察とヒトの体の学習を中心にすえ、直接観察の不可能な細胞レベルのミクロの世界については、模型や凸図で知識を主とした学習をするという構想が立てられた。

　もう一つの理由は、盲学校中学部に入学してくる生徒の観察体験の不足である。中学1年生の生物の目標である「生物の種の多様性」を理解するためには、視覚障害生徒が一種一種生物に触れる体験を積み重ね、「自然界には種々の生物が、それぞれ違った体の仕組みと暮らし方で生きている」ことを実感する必要がある。そこで、中学部1年生の理科の授業（週あたり4授業時間）のうち2授業時間を生物に充て、前半年は校庭の植え込みの木の葉の観察を中心に植物の学習、後半年は動物の骨格標本の観察を中心に動物の学

習をすることとした。そして同時に、この観察を中心にした授業によって、理科の学習の基礎となる観察力を育てることも明確な指導目標にされたわけである。

　以下では、中学部１年生の生物の授業実践について具体的に紹介し、そこから見えてくる盲学校理科教育の原則について述べる。

ⅰ　木の葉の観察
１．はじめに

　視覚障害生徒の自然観察では、次のように段階を追って学習を積み上げていくことで、より広い対象を理解することが可能であると考えられる。

　第一段階は、樹木、下草、土壌の一部など、触ることができるものを丁寧に触って調べ、手の届く範囲を具体的に知ることである。

　第二段階は、林内やその周辺を歩き回って第一段階での観察を空間的に広げ、さらに触ることができない部分にまで洞察力を働かせて、林の全体像を構築する作業である。

　第三段階は、第二段階で理解した林や森を離れた所から景観としてとらえ、周囲の環境との関わりで理解することである。この段階は視覚障害生徒にとって難問とされているが、音を手がかりに空間の広がりや位置関係を理解する試みが成果を収めている。

　ここでは、第一段階の指導法を具体的に述べる。なお、第二、第三段階の学習については、第Ⅱ章❷及び第Ⅴ章❶ⅲを参照されたい。

２．授業の「前提となる考え方」

　筑波大学附属盲学校では、1975（昭和50）年度より、中学部１年生の理科の授業において、観察力を育てるためのカリキュラムを立案し実践してきた。このカリキュラムは次の考え方に基づいて立案されたものである。

①入学当時の生徒の観察が深まらないのは、観察の観点が分からないためであろう。

②観察の観点は、観察体験の積み上げの中で生徒自身が気づいていくべきも

のである。

③観察の観点を身に付けるためには、生徒が主体的に自己の感覚を生かして対象から情報を収集する、積極的な態度の育成が大切である。

④積極的に観察する態度は、発見を楽しみ、それを表現し人に伝えることに喜びを感じる体験を通して育つものである。そのためには、生徒の観察したこと全てを教師が受け入れ、自由に伸び伸びと学習させることが大切である。

⑤生徒自身に発見させるためには、教師は生徒の質問に対して、できるだけ疑問形の応答をし、断定的な解答を与えないことが大切である。

⑥観察を深めるためには、植物の名前は教えずに観察させる方がよい。名前を知ることで満足して観察が深まらない傾向があるためである。

⑦観察記録はその時間内に発表させる。観察内容を言葉で表現し人に伝えることで、観察が定着するからである。また、生徒の表現力を向上させるためにも、対象が目の前にあれば、生徒の不十分な表現を教師が汲み取って表現を補足したり、さらに観察を促すことも可能である。

⑧生徒があらゆる観点を網羅して観察することができるようになるためには、生徒の観察事項を、教師が観点ごとに整理して記録することが大切である。これによって、観察が深まっている点、不十分な点が明確になり、次にどの観点での観察を促せばよいか、指導の方向が見えてくるからである。

⑨以上の考え方に基づき生徒の観察力を育てるためには、継続した観察の授業の時間を確保する必要がある。

３．校庭の樹木の葉の教材化

　生物の観察のために豊かな自然が身近にあればそれに越したことはないが、都会の学校でも校庭の植物を使っての授業展開は可能である。都心にある附属盲学校の場合は、校庭の植え込みの樹木の葉が観察学習の中心的教材に位置付けられた。その他、折りにふれて手に入る花や果実が観察の教材として使われた。

4．観察の授業の進め方

　授業は校庭の植え込みの木の葉を、その場で観察することを中心に進められた。他種類の葉を次々に短時間で触らせていくのではなく、1枚の葉をじっくり観察させた。ここでの目標は次の3点である。

- 感覚を活用して観察すること
- その葉の持つ特徴をできるだけ多く観察すること
- 観察したことをその場で正しく記録すること

　観察の初期の段階では、観察を深めることができず、すぐに飽きる生徒もいた。この段階では、植え込みから好きな葉を選ばせて好きな理由を言わせてみたり、1枚の葉を与えて同種の葉を探させてみたり、植え込みの樹木の種類を教師と共に数えさせたりして、徐々に観察に慣れさせていった。

　系統的に材料を与えて観察させる段階では、二人一組のペアで一種類の木の葉を20〜30分かけて観察させた。観察を深めるためには、生徒どうしの会話、生徒と教師の会話を大切にした。なぜなら、自分の発見を友達に伝える時には経験を客観的な言葉で表現する必要があり、また、二人が同じ興味を共有することで観察のポイントが定まり、さらに深い観察を促す力になると

写真1−2　校庭の木の葉の観察

考えたからである。教師は生徒どうしの会話を傍らで聞き、生徒と同じ葉を触りながら、良い観察には心から共感を示してほめ、不十分な観察に対してもそこまでの観察を受け止めた上で、さらに「では、…についてはどうなっているかな？」というように、具体的な観点を疑問形で投げかけるようにした。このようなやりとりの繰り返しによって、より深い観察ができるようになっていくという「前提となる考え方」に基づく展開である。

５．系統的な観察にするための教師の役割

　生徒の観察記録は、その授業内に発表させた。教師は、「前提となる考え方」⑧に基づいて、あらかじめ観点ごとに記入できる表を用意して生徒の発表を記録した。観点は、大きさ、形、葉のへり、葉脈、葉の表面、かたさ、匂い、葉柄、葉の付き方などである。生徒の発表を観点ごとに記入することによって、どのような観点が深まっているか、どの観点が抜けているかが一目瞭然に分かり、今後の指導の方向が明らかになった。視覚障害生徒の場合、葉の表面の手触りについては観察が深まりやすいが、大きさや形の観点は抜け落ちることが多かった。しかし、こうした観察を続けていくうちに、生徒自身が観点を立てて、偏りのない観察をすることができるようになっていった。

６．観察力の進歩

　１学期間、週あたり２時間の授業で、生徒の観察力は目に見えて向上していく。４月と７月の観察記録を比較してみると、どの生徒も例外なく、４月の観察項目数より７月の観察項目数が多く、４月の観察項目数の平均が7.0であったのが、７月のそれは約2.5倍になっている。また、観察項目数だけでなく観察内容においても、この授業によって生徒の観察力が飛躍的に向上していることが分かる。例えば、４月の観察では葉の形について「曲がったものもあった。（イボタの葉）」と記録していた生徒が、７月の観察では「普通の葉っぱ形だけど、先から１cmくらい入った所から急に細くなっている。（トウネズミモチの葉）」と記録している。

７．観察した植物の命名

　観察中、生徒は、植物の名前を知らされていない。名前からのイメージが先入観になりやすいことと、名前を知ることで満足してしまい、それ以上の観察が進まない傾向があることに対する配慮からである。

　そのかわりに、10〜12種の植物の観察が終わった時点で、これまでに観察した植物全部を並べて、それぞれの植物に自分たちで命名する時間を持った。ニックネームを出し合って、その木や草を当てるゲームは、その植物の特徴

を印象付ける上で有効であった。このように観察した全ての葉を改めて観察することで、学習の初期に観察したために観察が深まっていなかった木の葉を再観察することができ、また、他の種類の葉と比較してみることで、それぞれの葉の特徴が鮮明になった。

8．検索への発展

　次に自分たちの命名した植物名を使って「王様ゲーム」を行った。王様はこれまでに観察した木の葉の中で好きなものを思い浮かべる。他の生徒は家来になり、王様に質問しながら、できるだけ少ない質問で、王様の好きな木の葉を当てるというものである。家来が王様に訊ねる質問は、YESかNOかで答えられるものでなければならない。このゲームは、質問をする家来も答える王様も、観察した葉の特徴をよく理解していなければ成り立たない。したがって、ゲームをしながら、観察した木の葉の共通点や相違点を思い浮かべて頭の中に整理することができる。これがこのゲームを授業に取り入れた理由である。生徒たちはゲームをしながら、できるだけ少ない質問で木の葉を特定していく方法を考え、なるべく大きなグループに分けられる質問を先にするのが結局のところ能率的だということに気づいていった。これは、まさに検索の手順であって、生徒はゲームを通して、それを学んだのである。

9．検索表の作成

　生徒の中に本当の植物名を知りたいという気持ちが強くなってきたことと、ゲームの中で、事実上検索の手順を踏んでいることから、検索表により植物名を調べることができると思われた。そこで、これまでの生徒たちの観察記録をもとに、観察した植物12種の検索表を教師が試作した。早速、これを点字で作成し、生徒に使わせたところ、いくつかの問題点が浮き彫りになった。最も大きな問題は、葉の大、中、小の区別の基準が人によって違うことで、ここで違う道に入ると絶対に正しい名前に行き着くことができない。次の問題は、葉がかたい、柔らかいの区別にはいろいろな要素があることであった。また、検索によって、植物名にたどりついた時、正しい結果であるのかどうか、本人が判断するために、その名前の植物の特徴と照らし合わせることが

図1－2　葉の特徴を使った校庭の樹木の検索表

（筑波大学附属盲学校の校門脇の植込み）

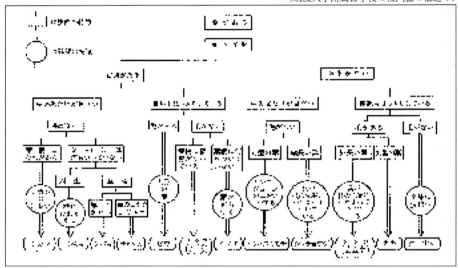

必要であることもわかった。そこで、できるだけ安定した判断ができる要素を上位にして第二次案を作成した。さらに、第三次案（**図1－2**）では検索した植物名が正しいかどうかを確かめるために、確認のための特徴を加えたほか、それぞれの葉の特徴を箇条書きにしたカードを別に用意した。検索表から名前が出たら、その植物名のカードに書いてある特徴についてあらためて観察し確認するためである。この第三次案では、比較的安定した検索結果が得られたが、それでも生徒によっては一つ一つの場面での判断に迷うことがあるので、二人一組で作業をさせるようにした。

　なお、その後1995（平成7）年度の授業では、生徒自身が検索表を作成することも試みられた。

10.　授業の分析と評価

　この授業を通して、生徒の観察力は目に見えて進歩した。なお、次の点において、本授業を計画した時点での予測を越える展開があった。

　「前提となる考え方」④の通り、教師は生徒の観察事項の全てに共感を示し、受け入れるように配慮した。その中で、初めは発言に消極的であった生徒たちも、「それはよいことに気がつきましたね」と教師に認められると、安心し伸び伸びと授業に参加するようになった。しかし、中にはなかなか観察が進まない生徒もあった。実際に葉を観察し、いろいろな特徴をとらえてはいるものの、一向に記録が進まないのである。その原因は、観察というものに固定観念があり、「つるつるしている」などという日常的な言葉での表現を躊躇しているためだと思われた。そこで、発見したことをとにかく表現するように仕向けるために、観察項目数を競わせてみた。すると生徒たちは、記録の数を競い合って、あらゆる観察事項を書くようになった。このように、教師が受け入れる態度を示すだけでは不十分な場合は、ゲーム的に競わせることが有効であった。ただし、ゲームは固定観念の克服が目的であり、ゲーム自体がエスカレートしないように気をつけなければならない。

　「前提となる考え方」⑥の通り、植物名は教えない方針を貫いた。しかし、カキの葉の観察では、生徒から「これはカキだ」という声が出た。葉を触って観察しているうちに、葉からカキの実の匂いがしたというのである。この匂いに気づいたこと自体素晴らしい発見だったので、この時は、その葉はカキであることを教えた。これは、名前を教えなかったことが発見の喜びにつながった事例だということができる。

　また、授業の中では、観察した植物に自分たちで命名したり、それを使ってゲームをする中で、生徒たちが検索の基本的手順に気づいていったので、試作した検索表を使って植物の名前を調べる作業を行った。これは、当初は予想していなかった高度な展開である。この場合も、あらかじめ植物名が知らされていなかったからこそ、生徒の中に観察した植物の名前を知りたいという強い気持ちが湧いたわけであり、名前を教えない授業の発展の方向が示された事例である。名前を教えないのは観察を深めるためであって、十分に観察する中で名前を知ることは観察の成果の一つである。

　このような授業を積み重ねて、基本的な観察力を養っていくことにより、

冒頭で述べた観察の第二段階、第三段階へとつながっていくのである。

（鳥山　由子）

原典：『心身障害学研究』,23,63-79.筑波大学心身障害学系(1999).

ii　骨格標本の観察

1．なぜ骨格標本なのか

　動物の観察材料としては、生体、剥製、骨格標本、部分標本（毛皮、歯、角など）があり、それぞれに特徴がある。

　生体の観察からは、体温や心臓の拍動を感じることができるなど、他の材料では得られない情報が多々ある。しかし、観察できる場所と時間、動物の種類に制限があり、動物に与えるストレスを考慮すると、時間をかけて体の構造を観察するのは難しく、日常の観察教材にはなりにくい。

　剥製は、視覚障害生徒にとっては、絵や写真、テレビの画面に代わるものとして価値がある。しかし、観察の教材としては、次のような問題点もある。

　剥製からは動物の大きさや形、毛皮の感触は分かるが、触った時に毛皮の下に感じられるものは内部の詰めものの感触であって、見た目とは裏腹に実物の感触とはほど遠いものである。

　これに対して骨格標本は、触ることにより生きている動物に比較的近い情報が得られる。さらに骨格標本は、体の構造を観察することから、その動物の食物や運動の仕方など、生きている時の姿が類推しやすいという利点を持ち、触ってもこわれにくい。

　そこで、視覚障害のある生徒の動物の学習は、骨格標本の観察を中心にし、剥製、部分標本、模型などで、骨格標本には欠けている情報を補い、さらに機会をとらえて、生きている動物に触れるという形で進めるというのが、理想的な授業展開である。

2．骨格標本を活用した授業

　授業では、二人一組のペアで、1種類の標本（頭蓋骨及び下顎骨）の観察

に20〜30分かけ、観察記録の発表の時間を含めて１授業時間（50分）かける。これをローテーションで繰り返して、約10種類の標本を観察するわけである。

　そして、この学習が一段落した頃に、上野動物園で校外授業を行い、教室では見ることのできない動物の頭の骨を観察させて頂く。これを頭蓋骨による観察のまとめとし、その後は全身骨格の観察に進む。

表１－４　授業の経過（1992（平成４）年度の場合）

中学部１年Ａ組（点字クラス）　週２時間　（○は授業数）
（４月から９月までは、植物の観察）
10月　イヌ３品種とネコの頭蓋（２人１組で４班、ローテーションで）③
11月　まとめ（形態の特徴と生活の仕方）①
その他の動物の頭蓋（ウシ、カモシカ、ウマ、ヤギ、イノシシ、ブタ、ウサギ、サル）④
12月　動物園での骨格標本の観察①
１月　全身骨格（イヌ、ネコ）②
２月　全身骨格（ウサギ、サル）①、全身骨格（ニワトリ、ハト）①
３月　ヒトの骨盤①、まとめ①

３．動物園での観察（校外授業）

　動物園での観察に先立ち、盲学校の授業担当教員と動物園のスタッフとの間で、授業の流れについての共通理解を図り、打ち合わせをしておく。進行は盲学校の授業担当教員が中心になり、動物園のスタッフは、動物の専門家として関わる。

写真１－３　イヌの全身骨格の観察

表 1 − 5 動物園での学習の実際

日時　1992（平成 4 ）年12月18日午前10時～12時

場所　東京都恩賜上野動物園　動物園ホール

参加者　中 1 ・中 2 生徒　計25名

　　　　引率教員 7 名

動物園スタッフ　普及指導係り及び動物解説員

用意された標本(頭蓋骨及び下顎骨)

カバ、トラ、クロヒョウ、パンダ、ビーバー、オランウータン、ニホンザル、

ゲラダヒヒ（可能なものはそれぞれ雌雄）

ヒト、北京原人（レプリカ）

（ヒトと北京原人は解説員の楢崎氏提供）

内容

(1)動物園スタッフの紹介、観察準備

(2)二人一組で一つの標本を丁寧に観察し、記録する。（約30分）

この時、動物の名前は知らされていない。骨格の特徴からどんな生活をしていた動物であるかを考え、動物の名前を推論する。

(3)記録の発表

(4)用意された12種類の標本をローテーションで観察する。（全部で30分）

(5)動物園の専門家から動物名が知らされ、解説と講評を受ける。

その他

観察の前後に手を洗う。また最後に、標本になった動物への感謝の意味で黙祷をする。

　次に紹介するのは、この日、トラを観察した生徒のレポートである。

動物園での骨の観察

中1　Ⅰ.T(原文は点字)

（観察記録）

1．全体はたて長で、長さは40〜50cm

2．目は前を向いているので、目で距離を測ることができたと思う。

3．内耳は大きく、バランスをとることができる。

4．鼻の穴は長く、ひだも多く、鼻はよさそうだ。

5．4本の大きな犬歯がある。奥歯はものをくだくようにできているところから、肉食だと思われる。

6．首につながる穴は後ろ側を向いているので、4本の足で立っていたと思う。

7．脳室は小さくないが、大きいわけでもない。

8．ほお骨が張っていて、顎は強かったと思われる。

9．鼻の横の神経の穴が大きい。

10．頭の上の突起が大きい。

11．骨は薄く、軽い。跳躍型と思われる。

12．表面はとてもざらざらしている。

（感想）

　動物園に骨を見に行くまで、めずらしい骨格というのは、今まで見てきたものよりだいぶ違っているのではないかと思いましたが、行ってみるとやはり同じ哺乳類のせいか、どれも学校で見たものに似ていました。

　ぼくは、最初に、犬歯が鋭く、頭が細長く、脳室が重すぎておっこちそうになったような頭の骨の観察をしました。初め、前からうしろまでみてあごの力が強く、どんなものでもかんで食べてしまうような肉食の動物だということがわかりました。それからの観察で、鼻は大きく、ひだもたくさんあり、とてもよく、目は前を向いていて目で距離を測ることもでき、骨は薄くて軽く、跳躍型の動物だということが

わかりました。歯は、奥歯でかみくだくようになっているところはネコに似ていて、前歯は他の歯に比べて小さかった。

　そんなことがわかると、ぼくたちはトラかライオンあたりではないかと話し合ったが、ぼくは、トラはあんなに口の先から首の穴までが長く、顔が細長いものだっただろうかと思った。

　最後に動物園の楢崎さんに、これはトラだと知らされた時は、やっぱりそうかと思ったのだがまだ、トラはこんなに細長い顔をしているだろうかという疑問が残っていた。けれど、そのあとでトラなども肉がつけば、前から見ると丸い顔をしていると聞いて、ぼくはホッとした。

　レポートからは、生徒が、骨格標本の目の付き方、歯の様子、あごの強さなどから動物を推定している様子が分かる。これらの観点は、授業の中で、生徒が観察したことをもとにして、一つひとつ学んできたものである。

　例えば、「頬骨弓の張り方が大きく、頭蓋骨表面がざらざらしてしる動物はあごの筋肉が強い」という認識に至るまでには、次のような学習の積み重ねがある。

①イヌの頬骨弓に気づき、「これはなんだろう」という疑問を持つ。

②自分のこめかみをさわりながら口を動かし、下顎をとめる筋肉の存在に気づく。

③イヌの中でも、ポインターはスピッツより頬骨が張っている。また、頭蓋骨の表面がざらざらで、後頭部には突起(大矢状陵)があるという発見。

④頭の大きさのわりに、ネコはイヌよりも頬骨が張っている。また、ネコの犬歯はイヌよりも発達している。

写真1－4　動物園にてカバの頭蓋骨の観察

　さらに、この生徒が「トラかライオンだろう」と考えた根拠は、内耳が大きく骨が軽いという特徴が、ネコの特徴と同じだと考えたためである。

　なお、この生徒は小学校時代は視力があった生徒であり、トラの顔はもっと丸いのではないかとこだわっていたのは、トラの顔を正面から見た絵か写真の記憶があるからであろう。このような時には、骨格標本と剥製を並べて比較しながら観察させると効果的である。

　次に紹介するのは、ジャイアントパンダを観察した生徒の感想文の一部である。

動物園で骨を観察して思ったこと

中1　M.Y（原文普通文字）

「なんだ？こりゃ」

　私がはじめて自分の前に出ている骨を見て思ったことはこれです。

　犬歯はあるが、すりつぶしの歯もあり、頭の上にはポインターにあったようなとさか（突起）があって、目は前向き…。あらゆる動物を一つにまとめた感じでした。

（中略）

「ジャイアントパンダ」と聞いた時はびっくりしましたが、その時、とっさに、

「じゃあ、なんで犬歯があるのかな？パンダは草食動物だからあるはずないのに？」

と思いました。そんな時に、「パンダは昔、雑食だった」

ということを聞いて本当にびっくりしました。今まで、私はササを食べているところしかみたことがありません。肉を食べているパンダを見たいという気持ちが強くわき上がってきました。

　この生徒は、肉食動物と草食動物の特徴を併せ持った骨格に当惑した結果、「雑食の動物」という結論に達した。

　さらに、「骨格の大きさ」と「骨が厚くて重い」こと、そして「頬骨が張っていて、頭の上に突起がある」ことから、「雑食だが、あごの力が強い大型の動物で、跳躍型ではないもの」だと考え、思いついた動物は「クマ」であった。

　指導してくださった動物園のスタッフからは、「パンダはクマに近い動物だという理論もある。この骨から、クマという結論を出した人は今までいませんよ」とほめられて大いに気をよくしていた。

　なお、ここにあげた二つのレポートで、生徒たちは動物名を推定する時の重要な手がかりに「骨の重さ」をあげている。このことは、この授業を受けた生徒の観察の特徴であり、観察する時に、実際に手に取ってみることが、いかに大切かを示していると言えるだろう。

（鳥山　由子）

原典：『モンキー』,41(2),13-17.日本モンキーセンター(1997).

第Ⅱ章　筑波大学附属盲学校の理科教育における今日的取り組み

特に工夫を要する内容の指導

　理科の授業は、観察・実験を中心に進められるべきものとされている。現在では、盲学校の理科の授業も同じ原則で進められている。「視覚障害教育において、理科の実験は不可能である」とされていた時代からみると隔世の感があるが、現在の盲学校理科教育がここまで充実してきた要因は、多くの方々の努力の蓄積であった。

　盲学校の理科の授業では、特に次の3点に留意することが必要である。
①教師の演示実験やビデオや写真で済ませるのではなく、生徒自身が観察・実験を行えるようにする
②知識を一方的に押し付けるのではなく、実体験を通して探究的に授業を進める
③観察・実験で生徒が発見したことや分かったことを言葉によってまとめる
　最初に観察・実験があり、自然事象への生徒の気づき（発見）が引き出され、それをもとに生徒が考えたり話し合ったり、先生との問答があったりして授業が進められる。教科書や参考書を読んで大事な語句を覚えれば済むような授業ではないのである。

　そのような授業を広める活動として、「日本視覚障害理科教育研究会（JASEB）」と筑波大学公開講座「盲・弱視児童生徒理科実験指導研修講座」がある。

　もともと、全国の盲学校の研究大会としては全日本盲学校研究大会（全日盲研）があったが、理科分科会は3年に1度の開催であった。同一の教員が毎回参加できるわけでもなく、残念ながら研究の蓄積ができていなかった。この状況を何とか打開しようと考えた当時筑波大学附属盲学校教員だった鳥山由子氏、青柳昌宏氏は、自主的な研究会を作る計画を立て、1980（昭和55）年、全日本盲学校研究大会（横浜）の理科分科会で研究会の結成を呼びかけた。そこでの賛同をもとに同年11月に設立されたのが「日本視覚障害理科教育研究会（Japanese Association of Science Education for the Blind：略してJASEB）」である。

　第1回の大会は1981（昭和56）年に東京で開かれ、その後、毎年夏休みに2日間の研究大会を開くことと、年1回の機関紙「JASEB NEWS LETTER」の発行を活動の基本とし、2006（平成18）年までに26回の大会を数えた。機関紙と大会案内は全国の盲学校に無料で配布しており、会員数も年々増えている。会員は、盲学校や弱視学級の現職教員やOBばかりでなく、大学の教員や点字出版社の職員、学生など多岐にわたっている。

　一方で盲学校教員のための実験・実習の研修講座の必要性はかねてから話題に上がっていたが、1982（昭和57）年度から筑波大学学校教育部（現教育局）の大川原潔氏を責任者として、筑波大学公開講座（3日間）が実現し、1989（平成元）年まで継続して開かれた。3年間の中断の後、1993（平成5）年度からその後、附属盲学校校長や鳥山氏を責任者として、2日間のコースとして再開し、現在も続いている。講座は、物理、化学、生物、地学の各分野の観察・実験と、観察・実験の基本及び安全対策のパートからなり、定員15名という少人数で実習中心の内容となっている。

　この公開講座で鳥山氏と共に講師を務めてきた筑波大学附属盲学校の中・高等部理科の4人の教員の授業の一端を以下に紹介する。それぞれは、盲学校では特別に工夫が必要な内容である。

i　光の直進・反射の実験

1．概要

　光の単元は、最初に「光は直進する」ことを学ばせ、この事実を後で学ぶ反射や屈折に役立つように授業を進めることが大切である。さらに、視覚に障害のある生徒の光の学習では、次のような配慮が必要である。

①光源は、電球を用いる。特別な光のレーザー光は用いない。

②光は、空気中だけでなく、透明物質中でも直進することを把握させる。

③光の屈折では、境界面で折れ曲がり、他の所では直進することを理解させる。

④空気中・透明物質中の光の経路や反射・屈折の光の経路の全体を把握できるように実験を計画する。全盲の生徒は、光の経路を見ることができない。そのため、光の経路の全体を把握させることが重要である。

　これらに配慮して光の実験を行っている。ここでは、光の直進、反射の実験を紹介する。

2．光の直進

　光の実験には、通常の実験装置の他に、感光器が必要になる。感光器は光センサーで、受光部に光が当たると音が鳴り、明るい光ほど高い音になるように作られている。

(1)　光は空気中を直進する

　写真2－1の装置で実験をしている。装置全体が容易に把握できるように、装置を両腕で輪を描いた範囲におおよそ収まる大きさに配置している。コルク板の上に、光源と感光器その間に点字用紙(厚紙でもよい)を置く。コルク板は、光源、感光器が完全に載る大きさにする。操作性をよくするために、感光器を利き手の側に置く。コルク板を使用する理由は、コルク板上に置いた点字用紙にピンなどで穴を開けて印を付け、記録ができるようにするためである。光の経路は、光源の光を感光器で捉えた状態で光の経路を遮って調べる。光を遮ると感光器の音が低くなるので、光が通る所を確認できる。

　光を遮る道具として、自作のピン（**写真2－2**）を用いている。金属部分

は、太さ約2mm、長さ約2.5cmである。2mmの太さがあると確実に光を遮ることができ、2.5cmの長さがあるとピンを持っている指で光を遮ることが少ない。

光源の近くで、ピンを使って光を遮る。遮った位置で、ピン先を紙に押し付け穴を開ける。感光器側（光の進行方向）へピンを移動していき、光を遮る所を4〜7カ所探し、それぞれの位置で紙に穴を開ける。紙を裏返して、穴を触ってたどると、穴はほぼ直線上に並び、光は直進することが確認できる。さらに、裁縫用のルレットを使って穴の並びに沿って線を引く（**写真2−3**）。穴がほぼ直線上にあることを確認させる。このようにして、光の経路の全体を把握させている。光の経路を把握させる実験の多くは、このように、コルク板の上に装置を置き、ピンで紙に穴を開ける方法で行っている。

写真2−1　空気中の光の直進の実験装置

金属部分

写真2−2　光を遮るためのピン（自作）

⑵　光は水中を直進する

光は空気中だけでなく、水など透明な物質中を直進することを理解させるために、光は水中を直進することを確認する実験を追加している。

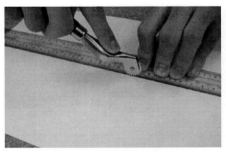

写真2−3　ルレットで線を引く

この実験では、光源にはスリットを付けない。全盲の生徒が容易に操作できるように、自作の装置（**写真2−4**）を用いている。この装置は、1枚の

板の上に、側面にスリットを貼り付けた透明容器と感光器を固定したものである。スリットを通った光が感光器の受光部に当たった時、スリットを通る光線と透明容器の側面が垂直になるように作ってある。したがって、透明容器に水が入っている、入っていないに関わらず、感光器の受光部に当たっている光は、光源から受光部まで直進している。光が容器へ垂直に当たるという条件は重要なので、生徒にこの条件で実験を行っていることを把握させておかなければならない。屈折の実験では、光を透明容器の側面に斜めに当てて行うので、実験の条件の違いを明確にしておく必要がある。

　水中の光の経路は、次のようにして調べる。透明容器に水を入れない状態で、光源の光を感光器で捉える。「光は空気中を直進する」を確認した実験から、光源から出た光が感光器に達するまで直進していることを生徒に気づかせる。光源の光を感光器でとらえている状態で透明容器に水を入れる。水が入っても光は感光器に捉えられたままである。このことから、光は水中を直進していることが予想される。さらに、次のようにして直進していることを確認する。太さ2mmほどの棒で水中の光の経路を遮って調べる。棒を垂直に立てた状態で、棒の先が透明容器の底に接するようにする。光の経路に沿って取り付けてある金属板（直線状）に棒を当てながら移動させる（**写真2－5**）。この時、棒は直線上を移動する。棒を移動している間、感光器の音は低い。この事実から、棒は水中の光の経路に沿って移動したことが分かり、光は水中を直進することが確認できる。

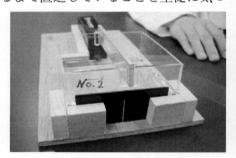

写真2－4　水中の光の直進の実験装置

写真2－5　金属板に沿って棒を移動させる

ガラスなどの透明な物質の中も光が直進することを補足する。

3．光の反射

　まず、光が鏡で反射する時の光の経路を把握する実験を行い、その後、入射角と反射角が等しいことを確認する実験を行う。そのため、入射角と反射角を調べる実験は、光の経路をイメージして行うことができる。

(1)　反射の時の光の経路を把握する

　コルク板の上に、点字用紙、光源、鏡、感光器を**写真2－6**のように配置する。操作が容易になるように、鏡の台に重いものをのせて鏡を固定する。点字用紙には、あらかじめルレットで直線を引く。引いた直線が実験者に対して横方向になるように点字用紙を置き、この直線と鏡の面を一致させ、実験者と向き合うように鏡を置く。

写真2－6　光の反射の実験

　光の経路を調べる方法は、直進の実験と同様である。鏡で反射した光源の光を感光器で捉えさせる。この状態でピンで光を遮って調べる。光の経路を、光源から鏡、鏡から感光器の順(光の進む方向)に探す。点字用紙を裏返し、穴を触ってたどり、鏡で反射する時の

図2－1　光の経路の記録

光の経路を把握する。さらに、ほぼ穴を通るようにルレットで光の経路を描く。**図2－1**のように、鏡の面で光が反射していることが確認できる。

(2)　入射角と反射角が等しい

　写真2－7の装置で実験をしている。分度器の目盛りを描いた触図(立体コピーで描いてある)の上に鏡を置く。光源の光が分度器の目盛りの中心を通るように光源を置く。この操作は教師が行う。教師は操作の内容を生徒に

伝えながら光源の位置を決める。この
時、操作の意味を生徒に考えさせる。

　反射した光を感光器で捉えた状態で、
利き手の人差し指が真下を向くように
して、指先で分度器目盛りの円周上を
たどり（**写真2-8**）、光源側から感
光器側へ移動する。初めに光を遮った
所の目盛りの値が入射角、2度目に遮っ
た所の目盛りの値が反射角になる。こ
の時の光の経路は、前の実験から把握
できているので、光の経路をイメージ
しながら操作できる。

4．光を遮るピンの製作について

　図2-2は、光源から出た光のうち
感光器が捉えている光線を示している。
この図から分かるように、感光器の受
光部に当たっている光線を遮っている
ピンの金属棒の部分は、ピンの位置によって
その高さが異なる。ピンの金属棒の部
分の長さを光源のスリットの長さと同
じにすれば、ピンがどの位置にあって
も、金属部分で確実に光を遮ることが
できる。

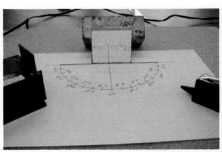

写真2-7　入射角・反射角測定のための実
　　　　　験装置

写真2-8　入射角の測定

図2-2　光源の光とピンの長さの関係

5．最後に

　手元の資料によると、私は1988年5月28日に上智大学で行われた物理教育研究会の例会で、「盲学校の光の実験」のデモンストレーションを行っている。この時、同僚であった鳥山由子先生がアシスタントとして参加してくださった。鳥山先生は、1985年にイギリスのウースター盲学校を訪問し、その内容を附属盲学校の研究紀要に報告している。その中には光の実験もあり、その工夫のいくつかは、デモンストレーションの実験に取り入れさせて頂いた。ここに紹介した光の実験は、デモンストレーションの時の実験をもとに、20年近く工夫を重ねてきたものである。

（石崎　喜治）

ⅱ　一人で行う化学実験
はじめに

　化学実験は危険を伴うことが多いために、通常の学校においても、生徒実験は敬遠されがちである。まして、視覚に障害のある生徒が化学実験を一人で行うことは困難であるという理由から一層敬遠されてきた。しかし、方法を吟味し、器具を工夫することによって、視覚に障害のある生徒も安全に、一人で実験を行うことができる。生徒が一人で実験することによって、更に興味が広がり、同時に自分に自信を持つことができるようにもなる。

　ここでは、先達である鳥山由子先生等がこれまでに遺して下さった遺産にほんの少しの工夫が加わったことにより、生徒が一層安心・安全に、一人で実験を行えるようになった事例を紹介する。

器具や方法の工夫の例
2．試験管に集めた水素に火をつける
（1）従来の実験とその問題点

　通常の学校で一般的に行われている方法では、一人が水素を集めた試験管を指で塞ぎ、そしてもう一人がマッチに火をつけ、「いくよー」のかけ声で、

マッチの火を試験管の口に持っていく、と同時に、最初の一人が試験管を塞いでいた指をはずす。「ポン！」と水素が燃える爆発音がする。

　視覚に障害のある生徒がこの方法で実験をするには、マッチの火を試験管の口に近づけるために、見える人の手と声かけが必要であった。

(2)　試験管に集めた水素に「自分一人」で火をつけるための工夫

　水素が発生している試験管を、倒れにくい試験管立てに立て、試験管の口を指で押さえる。もう片方の手でマッチに火をつけ、マッチの火が試験管の口近くまで来たら、試験管を押さえていた指を離す。火のついていないマッチで位置関係を十分に確認してから、本番の実験をする。

　この作業ができるために必要なことは、①試験管の位置が固定されていて、火をつけたマッチを持っていく位置の確認が容易であることと、②片手でマッチに火がつけられることである。

　①については、鳥山氏から引き継いだ試験管立てがあったので②さえ工夫できれば一人で実験することができる。そのため、②について試行錯誤を繰り返した結果、下記の"マッチストライカー"を作ることによって片手で簡単にマッチに火をつけられるようになった。

　"マッチストライカー"は、市販の下敷きにシール状のマッチ擦り用ヤスリを貼り、これを60mm×90mmに切ったものである。実験台に置いたソープホルダー

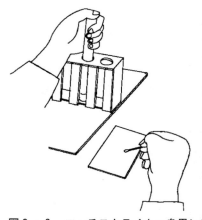

図2－3　マッチストライカーを用いてひとりで水素に点火

（表裏が吸盤になっている）の上に、作製したマッチストライカーを、下敷きの面がソープホルダーに付くように置く。上から強く押すとマッチストライカーは机に固定される。これを使うと片手で簡単にマッチを擦り、火をつけることが可能となった（**図2－3**）。

3．加熱した銅線を使ってアルコールを酸化する

(1)　従来の実験とその問題点

　①メタノール1mlと水1mlを試験管に入れる。

　②らせん状に巻いた銅線をガスバーナーで加熱し、冷えないうちに、①の中に入れる。これを数回繰り返す。

　③アンモニア性硝酸銀水溶液の中に②の液を入れ、温水にしばらくつけて、変化を観察する。

　視覚に障害のある生徒がこの実験を行う場合、②については見える人の手助けが必要であった。

(2)　一人でできるための工夫

　この実験が一人でできるためには①らせん状の銅線を加熱する位置の確認が容易であること、②熱い銅線を確実に試験管に入れられることである。

①らせん状の銅線を定位置で加熱するための工夫

　らせん状の銅線の端、手で持つ所に、ガムテープで割り箸を付け、上になる位置にタックペーパーの印を貼る。三脚に三角架を付けたものを利用する。三角架の一辺に銅線のらせん部分を引っ掛けるようにして持つことによって、三角架の中心から上がるガスバーナーの炎で、確実に加熱を続けることができる（**図2－4**）。三脚を安定させるために脚には大きなゴム栓を付ける（鳥山氏の工夫）。

②加熱した銅線を熱いうちに試験管に入れるための工夫

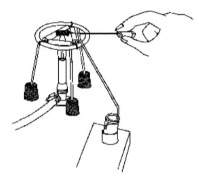

図2－4　銅線を三角架に引っかけて加熱する

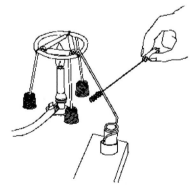

図2－5　加熱した銅線を導線づたいにスナップ管に入れる

　試験管は長くて細すぎるので、内径21mm、長さ90mmのスナップ管を使う。そのスナップ管は、固定するためにフィルムケースに入れ、フィルムケース立てを利用して立てる。熱い銅線を確実にスナップ管に入れるために、三脚とスナップ管を太さ2mmの銅線を導線として使い、繋ぐ。

　その導線の上を滑らせるようにしてらせん状の銅線をスナップ管に入れる（**図2－5**）。銅線を確実にスナップ管に入れられようになるまで、加熱前に練習した後、加熱を始める。

③この実験を容易・安全にするための、その他の工夫

A．ディスポーザブル注射器を利用した簡単ピペットの開発

　盲学校の生徒が駒込ピペットで1mlを取ることは困難であるが、ディスポーザブル注射器に切り込みを入れ、駒込ピペットをつないだこのピペットを利用すると、全盲生でも1〜5mlの取りたい量を0.1ml程度の誤差で取ることができる（**図2－6**）。

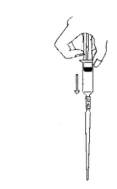

図2－6　注射器を使った簡単なピペット

B．アンモニア性硝酸銀水溶液を作るための工夫

　簡単ピペットを利用して硝酸銀水溶液を取る。そこに目薬瓶で水酸化ナトリウム水溶液を1滴入れる。試験管立てに立て、感光器で観察する。簡単ピペットでアンモニア水を2ml取り、少し加えたら振り混ぜ、感光器で観察する。少し加えて振り混ぜ観察する、を繰り返し、沈殿が消えたら加えるのをやめる。2ml

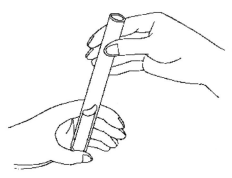

図2－7　親指と人差し指の間で試験管を振る

全部加えても沈殿が溶けない時は、さらに 2 ml取って繰り返す。簡単ピペットを使うとアンモニア水の使用量が把握できるので、実験を繰り返すことが容易になる。

　試験管の中身を振り混ぜる時は、試験管を持っていない方の手の親指と人差し指で大きな半円を作り、その半円の間を試験管が往復するように振ることによって、安全に振り混ぜることができる（**図 2 - 7**）。

C．転倒防止ビーカー立ての開発

　湯を入れた熱いビーカーに試験管を入れると、倒れやすく危ない。円カッターで牛乳パックに直径 7 cmの穴を開けると、200mlのビーカーが丁度納まり、倒れにくく保温性もあり、安全である（**図 2 - 8**）。

4．ボルタ電池をつくる

(1)　従来の実験とその問題点

　ボルタ電池とは、ビーカーに希硫酸を入れ、豆電球につないだ銅板と亜鉛板が接触しないように稀硫酸につけると、豆電球がつくというものである。この実験は、ビーカーが倒れない工夫さえあれば、誰にとっても簡単である。しかし、使用する硫酸の量が多いことから、視覚に障害のある生徒が安全に一人でできるようにするには、一層の工夫が必要である。

図 2 - 8　飲料用紙パックを利用したビーカー立て

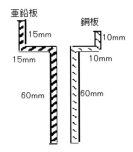

図 2 - 9　ボルタ電池用金属板

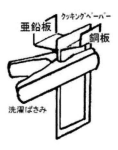

図 2 - 10　ボルタ電池

(2)　改良した実験

　幅22mmの銅板80mmと亜鉛板90mmを用意し、**図2－9**のように折り曲げる。亜鉛板と銅板が接触しないように、その間にクッキングペーパー（70mm×30mm）を挟み、**図2－10**のように折り曲げた近くを洗濯ばさみで止める。それをフィルムケースに入れ、フィルムケース立てに立てる。電子ブザーの＋と銅板を、－と亜鉛板をつなぎ、クッキングペーパーに硫酸を2・3滴たらすとブザーが鳴り出す。

まとめ

　これまで述べてきたのは、視覚に障害のある生徒が一人で実験を行えるように工夫した点である。しかし、これらの工夫は、障害の有無にかかわらず、どの生徒にとっても実験が安全になるものである。ここに述べたどの工夫も、鳥山先生はじめ、これまでの先輩の御

写真2－9　実験風景

苦労の蓄積があったからこそ可能になったものであり、これらの工夫を引き継いだ者として、私は更に工夫を積み重ね、次代に引き継ぎたいと思う。

（浜田志津子）

iii　解剖と触察

1．はじめに

　本校高等部普通科の理科で生物を選択した生徒には毎年、授業で動物の臓器の解剖をさせている。解剖といっても、メスやハサミを使う部分は1カ所くらいで、時間のほとんどを触覚による観察（触察）に充てるのだから、どちらかというと「なまもの観察」といった方が適切だ。解剖するものは、ニワトリの心臓、ブタの心臓、ブタの腎臓、ブタの眼球である。これらの臓器は、目で見るだけでは分からないが手で触るとよく分かる情報が多い教材な

ので、触察に向いているといえる。言葉で何回説明されても分からないことが、一回の触察でよく分かる。つまり「百聞は一触に如かず」である。学習には模型も図も併用するが、実物からしか得られない情報を生徒自身が発見して学ぶことを大切にしたい。

2．切り開く前の観察も大切

　ブタの腎臓では、輸尿管から消息子（先を細く丸めたガラス棒）を入れて探ると、内部に空洞があることが分かる。その空洞は輸尿管側に偏って存在しており、いくつかの入り江があるような形をしていることも分かる。この空洞は腎盂だ。切り開いてしまうと断面全体が平らになってしまい、断面を触っても、どこが腎盂なのかよく分からないし、腎盂が輸尿管につながる管であることも実感できない。だから、腎盂は切り開く前に観察しなければならない。メスやハサミで切り開く前に観察する外形や、外から触って分かる内部の様子も大切な観察事項なのである。

　解剖しないで外から触って分かる内部の観察例は、形態と機能の関係を考えながら魚の生活の様子を考察し、いろいろな魚がいることを学習する中学部の授業にもみられる。魚の基本形としてアジを観察した翌週、カレイを観察していた生徒が、観察が始まるやいなや「このカレイはおなかが右側に偏っていて変だ」と言った。外側から触っているうちに、内臓の部分と筋肉の部分では弾力性が違うことが分かり、内臓の部分が右側に偏っていることに気づいたからだ。カレイの形が平べったいだけではなく腹が横向きになっていることを、生徒が自分一人で発見したのだ。内臓の入っている腹部は柔らかく、筋肉がついている部分と腹部の境目は外から触って探り当てられる。カレイは、紡錘形（魚の基本形）を左右方向につぶして平たくしたような体形をしているが、右側を上に左側を下にして海底の砂にもぐって生活している。左側（下）の目も右側（上）に移動してしまい、2つの目だけを砂の上に出している。生徒自身のこの発見以来、魚の時はいつも、まず外から触って腹部の位置を生徒自身に発見させてから、体形や生活の様子の違いをみんなで考察していく授業にしている。

3．メスやハサミも生徒に使わせる

　切る時の感触や音も大切な観察情報なので、生徒自身にメスやハサミを持たせ、切り開かせている。何の、どの部分を、どういう方向に切るのかを生徒にしっかり把握させた上で、必要に応じて教師が手を添えながらメスやハサミを使わせる。メスやハサミを使う部分が1カ所だけだったとしても、この操作を生徒自身にやらせないと、切る前と切った後の様子が生徒の頭の中でつながらず、何をどうしたかなど手順の流れがはっきり理解できないことが多い。

　ブタの眼球の解剖では、まずメスで刺して強膜に1カ所穴を開ける。次にその穴からハサミで切り始めてぐるりと強膜を切り、角膜側の前半球、内容物（硝子体）、視神経側の後半球の3つに分離する。強膜にメスを突き立ててもなかなか刺さらないことや、ハサミで強膜を切っていく時の感触や音は、生徒自身がやってみなければ実感できない情報だ。ある生徒が「強膜ってかたいんだね」と言った。そう、そのとおり！　強膜とは強い膜というより、かたい膜である。強膜の「きょう」はもともと強いという字ではなかった。恐怖の「恐」から下半分の心を取り去り、代わりに革命の「革」を書くと本来の「きょう」の字になる。かつて使われていた「かたい」という意味のこの漢字は、現在なくなってしまい、音が同じということで強いという字が当てはめられてしまったらしい。

4．生徒一人にもの1個が基本

　盲学校で心臓を観察するなら、ブタのものが大きくて観察しやすい。しかし、ブタの心臓は1個千円なので、生徒一人に1個ずつというわけにはいかない。限られた授業時間の中で、どの生徒にもじっくり触らせて観察させ、生徒自身が発見者の立場に立つような観察をさせてやりたい。それには一人に1個ずつ与えるのが一番いい。価格の面でそれを可能にできるのがニワトリの心臓だ。街の鶏肉専門店やスーパーで購入でき、1個50円くらいの計算になる。触るには少し小さいが、工夫すれば多くのことを発見できる教材だ。一人1個ずつニワトリの心臓をじっくり観察した後なら、ブタの心臓1個を

みんなで回して観察しても、既に生徒に観点が身に付いているので、効率的で有効な観察をすることができる。

5．百聞は一触に如かず

　目で見るだけでは分からないのに、手で触るとすぐに分かることがある。ニワトリの心臓でもブタの心臓でも、触って観察しないとよく分からないのが、心室や心房の壁の厚さだ。心臓の下半分にある2つの部屋（心室）の壁は厚さが同じではないし、心室の上にある部屋（心房）の壁は、心室とは比べものにならないほどもっと薄い。心臓が筋肉でできていることを知っている生徒に、実物観察の後、次のような質問をして考察させる。

「血液を送り出す部屋は、心室と心房のどちらか？」

「2つの心室のうち、血液を全身に送り出すのはどちらか？」

　手で触って筋肉の壁の厚さを実感した生徒は皆、正解をすぐに言うが、更に突っ込んで、「なぜそう思うのか？」と尋ねることにしている。講義だけの時は、誰か一人が回答すると、それを聞いた他の生徒も真似して同じことを言ったりするが、このような観察の授業の時はそれぞれが口々に言う。触察によって得た事実が考えることを促すのか、自分が発見したことを他の人に伝えたくなるのか、とにかく皆それぞれに自分の言葉で回答を返してくる。

　「心房は壁がとても薄くて、心室は壁がとても厚い。血液を送り出すのは、壁が厚い心室だよ。」

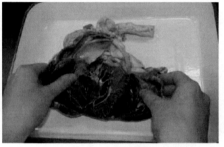

写真2−10　ブタの心臓の観察：左右の心室の壁を指でつまんで厚さを比べる

写真2−11　ニワトリの心臓の観察：ストローで息を吹き入れると心房が膨らみ、手で触っても心房の存在がよく分かる

「送り出す時は、肺だけに送るより全身に送る方が大変なんだから、厚い筋肉をぎゅっと収縮させて、大きな圧力をかけてやらなければ・・・　だから壁の厚い方が全身に送り出す部屋だと思う。」

　手はちょっと生臭くなったけど、心臓の４つの部屋についての知識はきっと一生忘れないだろう。

　ニワトリの心臓は小さくて、心房を観察するのはちょっと難しい。ニワトリの心房の壁はとても薄くて被膜と区別がつかないからだ。しかし、ちょっとした工夫によって誰にでもよく分かる観察が可能になった。その工夫とは、ストローを使って心房に息を吹き入れる方法だ。上手く息を吹き入れるとニワトリの心房はプックリと膨らみ、手で触っても観察できるようになる。目で見て観察する生徒も、ニワトリの心房の存在はこの方法でなければ分からないだろう。

６．いただきますの気持ち

　心臓（ハツ）や腎臓（マメ）や魚のように、なまもの観察の時の材料は食材であることが多い。観察したあと食べないのかとよく聞かれる。ものによっては食べることもあるが、じっくり触って観察したり、冷凍と解凍を繰り返したりすると食べるのが難しくなる。もったいないと言う生徒には、「今日は食べないけど、食べる時と同様に『いただきます』の気持ちで観察してほしい」と話すことにしている。食事の前には「いただきます」と言う。この「いただきます」とは「命を頂戴します」という意味だ。「今日は体の栄養にはしないけど、頭の栄養にさせてもらおう」と話すと、ほとんどの生徒がしっかり観察しようと思うようだ。なまものの触察を嫌がる生徒にも同じことを話す。すると、固く握りしめていた手を恐る恐る出した生徒がいた。気持ち悪いけど頑張って触ろうと思い始めたようだ。

７．ユニバーサル・デザイン

　以上記述したことは、盲学校の高校生物での解剖と触察の方法である。「盲学校での」方法であるが、盲学校ではない学校の、目で見て観察する生徒たちにも勧めたい方法だ。繰り返しになるが、腎臓の腎盂を実感すること

も、心臓の心室の壁が左右で厚さが異なることも、目で見ているだけでは分からない。両手を使って、触って観察すれば分かるのだ。誰にでもよく分かるこのやり方はユニバーサル・デザインといえる。感覚をフルに使った観察の素晴らしさを盲学校から発信したい。

（武井　洋子）

原典：『視覚障害』,216,30-36. 視覚障害者支援総合センター（2006）.

iv　雨滴の形と大きさ

　地学分野で学習する大規模地形、気象、天体等のように「見えるけれども触ることができない」ものは、視覚障害者にとって最も観察困難な対象であり、こうした内容の教材化は大きな課題である。

　ここでは、身近な気象現象の降雨に注目し、小麦粉を使って、「見えるけれども触ることができない」雨滴の教材化を報告する。

1．小麦粉を使った雨滴の観測─触察可能な教材としてのベントレー法─

　20世紀初め、雪の結晶写真の研究で知られるアメリカのウィリアム・ベントレーは、水滴が小麦粉の中に入るとほぼ同じ大きさの粒が生じることを利用し、雨滴の大きさを測定することを報告している（以下、この方法をベントレー法と呼ぶ）。彼はこの方法を用いて雨滴（以下、小麦粉に生じた雨滴と同じ大きさの粒を「雨粒」とする）を採集し、それを分析した結果から、雨滴の最大の大きさが直径6mm程度であることや、降雨のメカニズムが一定でないことを示した。

　降雨時、皮膚に当たる雨滴を感じたり、地面に落ちた雨滴や自動車のフロントガラスに広がる雨滴を見て、子どもたちは雨滴の大きさを知るだろう。その時、皮膚に触れたりする雨滴の大きさは、実際のものよりかなり大きいものとして感じられる。

　小麦粉を使うベントレー法は、小麦粉といった身近な素材を使用している点、雨滴を形として残すことができる点などでユニークな教材である。視覚

障害児童生徒にとって、雨滴そのものではないが、その大きさを観察できる教材として有用なものと考えられた。

しかしながら、これまでに報告された方法では、「雨粒」を焼結せず、そのまま観察したため、「保存が利かない」「全盲生の十分な触察に耐えられない」等の問題があった。さらに、「雨粒」を焼結することにより「雨粒」は触察できるようになるが、オーブンを使用した方法では、「雨粒」を取り出す作業が大がかりになることや、野外での活動に十分対応できないことなどの問題点があった。

２．触察を意図したベントレー法の改良

ベントレー法を用いた実験・観察を視覚障害児童・生徒に適用するために、特に小麦粉の取り扱い方の改良を行った。

(1) 「雨粒」の採集方法の改良

小麦粉の中に生じた「雨粒」を取り出すために、蓋の付いた空き缶を用い、ガーゼをふるいとして「雨粒」を採集した。

①小麦粉の精製

小麦粉の中には以前に入った水滴が小麦粉の固まりを作っていることがある。そのため「雨粒」の採集に使用する小麦粉からそういった固まりを除くために次の作業を行う。小麦粉を入れた缶を上下させ、蓋との間に挟んだガーゼの「目」によって小麦粉をふるいにかける。こうしてガーゼの「目」を通り、缶の底に溜った小麦粉を「雨粒」の採集に使用する。

②「雨粒」の採集

シャーレに①で精製した小麦粉を深さ１cm程度入れ、雨の中に立ち、「雨粒」を採集する。採集する時間は降雨状況によって異なるが、強い雨で30秒前後、普通の雨で40〜60秒前後が適当である。

この「雨粒」の採集では、参加した児童・生徒全員が雨を実感することが重要である。したがって、実際の採集では４、５人を１グループとして、10秒くらいずつリレー式に採集を行うとよいだろう。

③「雨粒」の取り出し

　シャーレの中で採集した「雨粒」は、採集後5〜10分経過すると粉と分離する程度の硬さになっている。その段階で①の小麦粉の精製の方法と同様にガーゼをふるいとして使用し、ガーゼの上に残った「雨粒」を取り出す。

　なお、粉が缶の底に落ちて「雨粒」だけが取り出された状態になると、「雨粒」が缶の蓋にあたり、「タンタン」と音がするようになる。これが作業終了の目安となる。

⑵　「雨粒」の焼結方法の改良

　前出の⑴－③で取り出された「雨粒」を調理器具のお玉を使用し、加熱する。お玉を火にかけ続けず、5秒ごとに火から離すことに気をつけたい。

　お玉からクッキーのような匂いがするようになるとともに少し焦げた色になる。これがこの作業終了の目安となる。この作業の導入により、雨粒を簡便に焼結することが可能になった。

⑶　「雨粒」の観察方法の改良

　焼結する以前の「雨粒」では、おおよその形や大きさを触察することしかできなかったが、焼結することにより、形や大きさなどをより正確に触察することが可能になった。

　なお、焼結された「雨粒」は、フィルムケースなどの小容器に入れて保存する。

　ここに示した方法を用いることにより、ガーゼと空き缶を使用することで小麦粉が飛び散らずに「雨粒」の取り出しが行えること、取り出し作業の終了が「タンタン」という音によって分かること、「雨粒」の焼結では作業の終了がクッキーの焼けるような匂いで分かること等から、作業の全工程を生徒自身で行えるようになった。

3．標準雨滴の作成

　「雨粒」の採集・加熱の際に、大幅な体積増加があった場合、たとえ生徒にとって興味深い教材であっても適切なものとはいえない。体積（重量）をあらかじめ計算で求めた水滴と、小麦粉に生じた「水滴」の大きさを調べた

結果（間々田：2001）、水滴から、加熱後の「水滴」への粒径の変化は5.6%の増加であった。これは直径が5.6%（0.08mm）大きくなったことを示している。この程度の誤差は触覚では区別できないことから、この方法による雨滴の再現が、教材として十分適切であると考えられる。

（間々田和彦）

夏季学校における自然観察

はじめに

　筑波大学附属盲学校の高等部夏季移動教室（夏季学校）は、１年生の夏休み前に実施している。クラスとしてのまとまりを築くための集団宿泊学習であると同時に、豊かな自然と能動的に向き合い、より深い自然観を身に付ける絶好の機会でもある。

　静かに耳をすませて、梢を渡る風の音から木の高さを推測したり、サクラの落ち葉が放つ微かな匂いからサクラの木の存在を知ったりと、視覚に障害がある人は、視覚に頼らない個性的な手段で自然に触れ、自然を楽しむことができる。しかし、森林のような大きな対象をより深く観察するためには、入念な計画に基づき、時間をかけた観察学習が必要である。そこで、高等部１年生の夏季学校において、自然とじっくり向き合う自然観察会を30年ほど前から実施してきた。

　自然観察のフィールドは、実施先によって様々であり、その時々に合わせて自然観察会の内容を変更し実施してきた。

　例えば、長野県奥蓼科では、コメツガとオオシラビソの森林が観察フィールドになり、視覚に頼らず五感を活用して林の仕組みを考える自然観察会が行われた。

　長野県諏訪市郊外の後山（うしろやま）では、山を登りながら観察ポイントでその場の植生を調べた後に、登った山と対面できる場所に立って人の声や感光器の音を手がかりに山の景観を理解する試みが行われた。

　そして2005（平成17）年からは、福島県阿武隈川の源流にほど近い那須甲子青少年自然の家を利用して、ミズナラを優先種とする雑木林での自然観察会や、ハイキング、源流での水遊び、ナイトハイク、バードリスニングなどの自然体験活動を盛り込んでいる。ここでの自然観察会の内容は、かつて奥蓼科で行われた夏季学校の観察会を参考にし、森林の全体像を理解するため

の構成になっている。

　以下に、このような自然観察学習の実際を、二つの実践をもとに紹介する。

i　視覚に障害のある生徒の森の観察
―福島県那須甲子青少年自然の家における実践―

　視覚障害生徒の自然観察は、生物の個体及びその部分など、触ることができるものを丁寧に触ることから始まる。これが自然観察の第一段階である。

　ここでは、触覚による能動的な観察が必要である。例えば、葉の大きさ、形を知るためには、片方の手で葉を押さえ、もう片方の手の指先で葉の縁をたどり、その指先の動きの記憶を総合して形のイメージを作り上げる。このような指先による観察力は、生来のものとして身に付いているわけでなく、系統的な観察体験の積み重ねによって形成されるものである（第Ⅰ章❷ⅰ参照）。

　視覚障害生徒の自然観察の第二段階は、第一段階での観察を空間的に広げて森林の全体像を理解することである。しかし、森林のような大きな対象の全体像を理解することは、視覚によって全体を見渡すことができない視覚障害生徒にとっては困難なこととされ、ほとんど実践されてこなかった。その中で、筑波大学附属盲学校では、夏季学校の機会を利用して、視覚障害生徒に森林のイメージを把握させることを目標にした自然観察学習に取り組んできた。

　以下は、2005（平成17）年7月に那須甲子青少年自然の家で実施された高等部1年生の夏季学校における「森をみる」活動の実際である。

1．森の樹木の観察　（活動時間： 2 時間30分）

　森の観察は、ミズナラの大木から始まった（**写真 2 −12**）。観察に当たって、以下のような観察のポイントを示した。

- ・幹の太さ
- ・幹が分かれていないか（腰の高さで幹が分かれていることに気づかせる）
- ・木肌の手触り
- ・枝の張り具合（登山用ステッキや白杖で高い枝を探る）
- ・枝の中の様子（登山用ステッキや白杖で軽く叩いて音を聞く）
- ・葉の様子
- ・地表に表れている根の様子

　次に、林の中を歩き回って、樹木の密度や種類を感じた。この活動では、安全に配慮した行動範囲内で、生徒一人ひとりが自由に歩き回って観察した（**写真 2 −13**）。

写真 2 −12　ミズナラの大木の観察

写真 2 −13　一人で歩き回って観察対象を広げる

　観察の前に、次のような観察のポイントを示した。

- ・樹木の間隔
- ・ミズナラ以外に何種類の木があるか
- ・ 1 本の木の高さはどのくらいか
- ・林床の様子（どんな草が生えているか、草以外に何かないか、幼樹はないか）

　観察後、グループごとに森のイメージをまとめ、それを発表して森のイメージを共有した。その後、「森の案内人（地元講師）」から森の説明を受け、50年前、50年後のこの森をみんなで考えてみた。

　この森の特色
- 大木はミズナラである
- 二次林である
- 極相前の、陰樹と陽樹の混合林である
- 木の高さはあまり高くない。これは、気候に関係している
- 林床にはミヤコザサに混じってミズナラの幼樹が生えている

2．落ち葉めくり（土中の分解者の働き）（観察時間30分）

　1日目の森の樹木の観察に引き続き、2日目のハイキングの途中で30分ほどの時間を取って落ち葉の堆積の様子を観察した。

　慎重に落ち葉をめくっていくと、下にいくほど形が崩れ、腐葉土になっていた（**写真2ー14**）。この時に、土中の小動物の存在や、湿り気や匂いの変化にも注意させた（**写真2ー15**）。倒木や枯れ木があれば、持ち上げてみて重さを調べ、空洞の中を小動物が動き回っていることに注意した。

　観察の後で、「森の案内人」から、落ち葉が土になっていくこと、動物の死骸も腐っていくこと、自然界の分解者としての菌類や細菌類の働きの大切さについて解説を受けた。

写真2ー14　土壌の観察1：慎重に落ち葉めくりをする

写真2ー15　土壌の観察2：弱視の生徒が土から出てきた生き物に顔を近づけて観察している

生徒がこの活動について記した感想文を紹介する。

「中学の理科で、菌類が落ち葉を分解して土に還っていることは習ったけれど、落ち葉をめくっていくごとに細かくなって、最後は粉のようになっている様子は初めて実感した。」

「落ち葉を上から順々にめくって観察してみると、一番上の昨年落ちた葉はまだ原形をとどめていて乾いていた。そこから、2年目、3年目とめくっていくと、だんだん原形がなくなってきて、かび臭いにおいを放っていた。木が葉を落とし、土の中の分解者が徐々に葉を土に返して、それをまた木が養分として採り入れて葉を付けるという自然界の循環を感じた。」

3．ハイキングや沢遊びで感じた自然

二の沢コースは、本格的な登山コースの入り口までという軽ハイキングコースである。しかし、日頃歩く経験が少ない盲学校の生徒にはややハードに感じるコースであった。特に下り道で足元を一歩一歩確認しながら歩くことは、盲生徒はもとより、自分の足元がよく見えない弱視生徒にとっても厳しさがある。また、登り道より下り道の方が時間がかかる。

写真2－16　阿武隈川源流体験：盲生徒も弱視生徒も一人で川の中を歩いた

登山道には木の根が出ていて歩きにくかったが、前日の自然観察の効果なのか、次のような生徒の感想があった。

「ハイキングでは、1本の木から四方八方に太い根っこが張り巡らされていて、木が簡単に倒れないようにしっかりと体を固定しているのを感じた。」

「ハイキングでは、地面が凸凹していて歩きにくい所はありましたが、体全体で『自然』を感じることができました。それと同時に、自然の力と言うのはすごいなあと思いました。」

　前日の自然観察会で木の根に注目していなければ、足元の見えない生徒たちは、ただ、歩きにくさだけを感じ、木の根が出ていることに気づかなかったかもしれない。

　阿武隈川源流の川歩きでは、盲生徒も弱視生徒も登山用ステッキで足元を確認し、深い場所を上手に回避しながら一人で歩いた（**写真2－16**）。広い川の上には障害物はなく、生徒たちは流れを感じながら、その流れの向きに逆行することでコースを選定して源流を上っていった。盲生徒が一人で川の中を歩くことができたことは盲学校教員にとっても予想外の出来事であった。早い水の流れと浅い水深、滑りにくく足裏の感触が分かりやすい沢シューズと登山用ステッキなどが、生徒の活動意欲を高めたのだと思われた。

４．夜の自然体験及び早朝のバードヒヤリング

　大自然の中で過ごす夜には、児童・生徒を暗闇に連れ出してじっと座らせ、都会では感じることのできない夜の静けさ、暗さ、湿り気、動物の匂いなどを感じさせたい。安全管理には細心の注意が必要であるが、一度試みると、忘れられない感動的な体験になる。

　また、豊かな自然の中での宿泊体験の際には、一日だけでもよいから、早朝の鳥の声を聴く「バードリスニング（バードヒヤリング）」を取り入れたい。夜明け前から、開けた斜面の上に腰を下ろして、静かに鳥たちの夜明けのコーラスを聴かせたい。ヨタカなど夜の鳥に混じってホトトギスが鳴きながら飛ぶ。初めは一声ずつだった小鳥の声に、あちらからもこちらからも呼応するように鳥が鳴き出し、辺り一面のコーラスが湧き上がっていく様子は、何度聴いても感動する体験である。鳥の名前が分からなくても十分に楽しめるが、事前学習で主な鳥の鳴き声のテープを聴いておくと楽しさが増す。

　東向きの斜面であれば、日の出も経験することができる。雲が赤く染まり、一筋の光が見える。やがて正面から上がる朝日は、光覚程度の視力の生徒にも見える。光覚がなくても、朝日のあたたかさを体で感じて日の出の瞬間を知ることができる。

　このような、夜の自然や早朝の自然の体験は、宿泊学習ならではの貴重な

体験である。特に、卒業後には、多くの生徒はこのような機会を持つことが少ないので、盲学校在学中に体験させておきたい活動である。しかし、宿泊施設によっては、それが許されないことがあった。さいわい、那須甲子青少年自然の家では、夜間や早朝の自然体験学習にも配慮して頂き、生徒たちは感動的な体験をすることができた。

（鳥山　由子・武井　洋子）

原典：『森林技術』,772,13-17.日本森林技術協会（2006）.

ii　山を景観としてとらえる
―長野県諏訪市後山地区における実践―

　自然観察の第三段階は、第二段階で理解した林や森を、離れた所から景観としてとらえ、周囲の環境との関わりで理解することである。この段階は、視覚に障害のある生徒にとっては難問とされているが、筆者らは、音を手がかりに空間の広がりや位置関係を理解させる指導を工夫し実践した。

　以下の実践は、長野県諏訪市湖南後山地区で実施された筑波大学附属盲学校高等部1年生の夏季学校において、1983（昭和58）年から1986（昭和61）年まで4年間にわたって実践された「山をみよう」という活動の中で工夫されたものである。

1．実施場所と時間

　後山地区は、中央線上諏訪駅から車で40分ほどの、標高1000メートルほどに位置する谷沿いの集落である。付近の山を見ると、尾根筋にはアカマツ、中腹にはカラマツと落葉広葉樹、谷川沿いにはスギといったように、それぞれの場所に適した林があることが分かる。また、この地域の極相林であるモミ、ツガの自然林が麓の神社の周りに残されている。これらは、人と自然が調和して生きてきた日本の山里の典型的な景観の一つといえるものである。

　そこで、この地域での自然観察においては、視覚障害生徒にも、このような景観を把握させることが大切であると考え、次のような方法を工夫して実

施した。

2. 視覚障害生徒の景観把握の方法

(1) 観察ポイントの設定と、林の観察

　山の麓、中腹、尾根筋の代表的な林から、モミ、ツガの自然林、カラマツの植林、アカマツの自然林の3地点を選び、観察ポイントとし、山を登りながら、順に三つの林を観察した。それぞれの林の観察には約30分かけ、グループごとに歩き回って、前項で紹介した方法で林を調べ、それをみんなでまとめ、各観察ポイントの林の特徴を理解した。

(2) 声を交わして林の位置を知る

　たとえ「遠くからみる」ことは難しくても、観察ポイントに人を残し、谷を挟んだ反対斜面から声をかけ合うことができれば、その声によって位置や広がりを把握することが可能となる。

　三つの林を観察した生徒たちは、山を下り、この山と向き合った反対側の斜面を50メートルほど登り、そこから、声を合わせて、三つの林のそれぞれに残っている教師と声を交わした。最も遠い尾根筋の林に呼びかけた時には、生徒たちの呼びかけから数秒後に教師の応える声がかすかに返ってきた。その声の方向や遠さから、生徒たちは観察してきたばかりの林の位置をとらえることができた。

(3) 感光器を用いて山の稜線を調べる

　感光器を活用すれば、山の形（スカイライン）を音で知ることができる。

　感光器を山に向けて持ち、その手を前に伸ばして少しずつ上げていくと、暗い山と明るい空の境目で音が変わる。そこで、感光器を軽く上下に動かしながらゆっくり左右に動かして、山と空の境界を調べていくと、山の形を継時的にとらえることができる。こうして調べた山の形の中に、各観察ポイントから聞こえる声の方向を位置付けることによって、例えば、アカマツ林が稜線の近くにあることや、カラマツ林が中腹にあることなど、観察した林を改めて山の景観としてとらえてみたわけである。

　この体験の後、生徒たちは口々に

「感光器を見直した」

「声が聞こえたのがうれしかった。景色の広がりが分かった気がした」

などと語っていた。視覚障害生徒が山の各部分の林の位置関係をひとまとまりの景観として理解するという、大変難しい観察に挑戦したわけであるが、生徒が正しく位置関係を理解したことから、指導は成功であったと言ってよいであろう。ただし、この段階の指導は非常に先駆的な試みであって、「山の景観把握」という表現は、まだ一般的なものではない。

　この観察後、ある盲生徒は

「これまで、山というものは、真ん中が高くて左右が低いものだと思っていたけれど、ここの山は一直線に続いているんですね。」

と語っていた。この生徒は、象形文字を学習した時に、その例として、山という漢字と山の絵を対比したものを見た経験があるのであろう。その時に理解した山の形と、ここで観察した山の連なりの形は違っていたのである。このように、限られた体験から得られた一つのイメージだけが全てであるという誤解は、特に盲生徒の場合起こりがちである。山にもいろいろな形があることは、実際の山を折りにふれて観察する体験の積み重ねがあって初めて理解することができる。視覚障害生徒にとっても大きな景観を把握する経験は必要なのである。

（鳥山　由子）

原典：『心身障害学研究』,23,63-79.筑波大学心身障害学系（1999）.

第Ⅲ章　視覚障害児に対する教科教育

❶ 視覚障害児に対する教科教育の専門性

はじめに

1．準ずる教育

　現在、学校教育法において、盲・聾・養護学校の目的は、「幼稚園、小学校、中学校又は高等学校に準ずる教育を施し、あわせてその欠陥を補うために、必要な知識技能を授けること」とされている。

　盲学校の教科教育を「準ずる教育」という根拠はここにある。「準ずる」の意味は、「準優勝」のように「その次（本物より劣る）」という意味ではなく、「よりどころにする（基本的に同じ）」という意味である。我が国の盲学校では、学校教育法が制定された1940年代から、少なくとも法律の上では、小・中・高等学校と同じ内容の教科教育を教えることになっていたのである。

　しかし、盲学校学習指導要領の告示は学校教育法よりも10年以上遅れ、しかも当初は「盲学校の高等部は実業高校として扱う」こととされた。それを「盲学校高等部は高等学校（普通科と実業科の双方を含む）に準ずる」と修正する必要から、全国盲学校普通教育連絡協議会（普連協）が結成され、その運動によって、次の改訂時に「高等学校に準ずる」こととされた。このように、「準ずる教育」を文字通り実現するためには、歴史に残る多様な運動が必要であったわけである。しかし、法律に基づき、視覚障害児も小・中・高等学校と同じ目標・内容の教科教育を行うことが学習指導要領に規定されたことは、当時としては画期的なことであり、欧米諸国と比較しても先進的なことであった。

2．教科教育の二つの専門性

　視覚障害児に対する教科教育の専門性とは、児童生徒の「見えない・見えにくい」ことに起因する様々な困難を軽減・克服して、小・中・高等学校と同等の教科教育を行うことを可能にする学校と教師の力量を指すといえる。「小・中・高等学校と同等の教科教育を行う」こととは、視覚に頼らずに、教科の目標を達成することである。

　この教科教育の専門性には二つの側面がある。一つは、教科の指導内容に関わる専門性であり、もう一つは、障害の理解と配慮に関する専門性である。以下に、専門性の二つの側面について詳述する。

本質を踏まえた教科指導（教科の指導内容に関わる専門性）

　視覚障害児童・生徒（以下、視覚障害児）の教科指導は通常の小・中・高等学校に準じて行われるが、一般の教科書は大勢の子どもを一斉に指導することを前提に視覚中心の展開になっており、視覚障害児にとっては困難な内容も含まれている。しかし、教科書ではなく、小・中・高等学校の学習指導要領の各教科の「目標」に即して指導内容の本質を踏まえて題材や授業展開を工夫することで、その目標を達成することは可能である。「目標」を達成するために、盲学校ではどうすれば良いかを考えれば、教材や授業展開はおのずから見えてくる。

　そのためには、小・中・高等学校の教科教育を形通りに行うのではなく、教科の指導内容の本質を踏まえることが大切である。本質を踏まえた適切な教材選択は教師の役割であり、教材を精選し、視覚に頼らずに指導できる実力こそが、視覚障害児に対する教科指導の専門性の根幹をなすものである。

指導内容の本質を踏まえた指導法や教材の工夫

　熱の伝わり方について学ぶ小学校理科の教材に、「鉄の棒全体にロウを塗り、スタンドに固定して棒の一端を熱し、ロウの溶け方を観察する」という実験がある。教科書によって実験方法に多少の違いはあるが、概ね同様の内容である。これを、盲学校ではどのようにすればよいだろうか。結論から言

えば、点字教科書では、「鉄の棒をスタンドに固定し、一端を弱い火で熱し、熱している場所に近い所を指で持つ。その部分が熱くなったら熱している場所から少しずつ遠くに手をずらしていく」という方法にした。

　この実験の目的は、熱の伝導、すなわち、金属を熱した時には「熱は棒（物質）を伝わっていく」ことを学ぶことである。そのためには「さわってみればよい」と答えるのが、むしろ常識的な反応であり、「ロウを塗って溶け方をみる」というアイディアは出にくいのではないだろうか。

　では、教科書はなぜ、棒にロウを塗って実験しているかを考えると、そこには、通常の小学校の教育現場の制限があることに気づく。30人以上の子どもが5、6グループに分かれ、各グループが鉄の棒をスタンドに固定して弱い炎で棒を熱し、順番に手でさわって熱の伝わり方を確認するという過程を、クラス全員が安全に遂行することは至難の業である。そこで、教卓に一組の実験装置を用意して、教師が説明しながら、ロウの溶け方を一斉に観察するという方法にしたのであろう。

　熱を感じるのは、本来、触覚の役割であるから、直接さわることで熱の伝わり方を知るという盲学校の実験方法が、むしろ本質的である。それを、通常の学校では、大勢の子どもに指導するために、本来触覚で知るべき「熱」を視覚に置き換えて実験しているわけである。通常の学校の実験方法は、条件の制約の中で考案されたベターな方法であって、ベストとは限らない。盲学校で授業をする時に、教科書にとらわれ、ロウが溶けて行く様子をどのようにして盲児に理解させようかと考えていると、「さわってみればよい」という単純なことに気がつかないおそれがある。なお、弱視児の場合も、ロウの溶け方を目を近づけて見ようとすれば危険が伴うので、点字教科書のように、手でさわる方が安全で確実である。

　このように、教科指導の専門性の第一は、教師の教科教育の力量、すなわち、各単元の目標に即した最適な教材を選び抜く力である。そして、教材を選び、実際に授業を行う際には、教科指導の専門性と同時に、次節で述べる視覚障害の理解と配慮に関わる専門性が、合わせて必要となる。

視覚障害の特性への配慮（障害の理解と配慮に関わる専門性）

　視覚に頼らない教科の指導を可能にするためには、教科の種類を問わず共通に必要な配慮事項がある。ここではそれを、授業の計画と実際の授業場面に分けてまとめる。

1.　視覚障害の特性を考慮した授業計画

(1)　児童生徒の活動を中心にする

　他人の動作を見ることが困難な視覚障害児にとって、「自分でやる」ことは、特に大切である。「自分でやれる」喜びは大きく、活動への動機付けともなる。可能な限り、教材の準備段階から児童生徒に関わらせ、動機付けを与えるとともに、全体像の理解につなげたい。実験・観察・実技等は、視覚障害児の感覚を活用して遂行できるように、内容、教材・教具ともに工夫する。

(2)　時間の余裕を見込む

　授業の素案ができたら必ず予備実験等を行い、内容を十分に検討した上で、時間配分をし、授業計画を立案する。この時点で、児童生徒が活動をするために必要な時間が例えば15分であると見込まれたとしても、実際の場面ではそれ以上の時間がかかると考えて、ゆとりのある計画を立てることが大切である。所要時間が15分であるからと、授業の最後の15分間をその活動に割り振っておくと、時間が予想以上にかかった場合に時間調整が難しく、子どもを急がせることになりかねない。視覚障害の必然として、初めてのことには人一倍の時間がかかるわけであるから、時間のゆとりが必要である。また、急がせれば、事故の危険も大きくなる。「急げ」という言葉は、視覚障害教育では禁句であると考えるべきである。

(3)　系統的な技術の習得

　視覚障害児は、日常生活における無意図的な体験が少ない。よって、晴眼児であれば見ただけで理解でき、練習する必要もないような動作や技術も、系統的な指導によって育てる必要がある。しかし、いつも練習が必要なわけ

ではなく、練習効果は大きいので、動作や技術を習得した後は、その動作・技術にかかる時間を短縮できる。

　指導計画においては、その授業に必要な技術の習得も授業計画に位置付けておく。それらのうち、基礎的で汎用性が高い基本操作は、年度初めに時間をとって、十分に練習させておく。

　このような「技術の習得」は、自立活動にも通じる内容である。しかし、教科の授業においては、児童生徒が主体的に学習することを目的に最小限必要な操作技術を練習するのであって、技術の習得それ自体が目標ではないことに留意すべきである。

　例えば、算数の授業において、ものさしで長さを測るという活動は、長さの概念を知るために必要な技術であるが、それ自体を目標にするものではない。「測る」ことがその授業の本質ではない場合は、教師が先に測った教材を用いることもある。

　また、理科において実験に必要な技術、例えばガスバーナーに火をつけるという技術は、それ自体を授業の目標にするものではない。その技術がどうしてもその児童生徒にとって難しければ、児童生徒の成長を待ち、次年度にまわすことも必要である。

(4)　指導内容の精選

　視覚障害児童生徒が初めてのことを遂行するには、どうしても時間がかかる。一方で、練習効果は大きく、慣れれば時間は短縮できる。したがって、新しい内容を次々に学習させるのではなく、教材の核になる内容に時間をかけることが大切である。

　その場合、自分の感覚で知り得たことをもとに対象のイメージを作り、それを言語化することで概念を確実に積み上げ、その概念（言語）そのものが、次のステップの技術として学習の能率を加速していく、という流れを意識して指導することが極めて重要である。少ない量の作業をじっくり遂行し、確実なイメージや知識を得ることに力点を置くべきである。

2．視覚障害児の特性を考慮した授業実践

(1)　全体像の把握

　授業展開においては、できるだけ体験を通して、自分の感覚で実際の事物に基づくイメージをつかむことが基本になる。視覚障害児は日常的に体験が制限されることが多いだけに、「自分でやれた」という自力で遂行する喜びは大きい。また、「自分でやる」体験は応用可能な技術の獲得につながる。体験を通して空間の全体像、時間的な全体の流れを理解させることによって、見通しを持った主体的な行動が可能になる。

①空間的な全体像の把握

　視覚の障害は空間の全体像の把握の困難につながる。手を動かして手に触れる物は認知できるが、すぐ近くにあっても手に触れない限りは、存在すら確かめられない。そこで、生徒が主体的に行う活動に当たっては、特に全体像の把握を心がける必要がある。

　授業で使う教材は、最初に一つずつ確認し、置き場所を決める。慣れない場所であれば、まず場所の確認をしたり、大きな教材であれば、端から端まで全体をさわって確認したりする。全体像の把握には、両手の幅に入る程度の、大き過ぎない教材が適している。

　なお、弱視児の場合も、大きな物の全体像の把握は困難なため、絵や写真を活用して全体像を把握させるという配慮が必要である。

②時間的な全体像の把握

　視覚障害児は、他人の動作や周りで進行していることを見渡すことができないこともあり、一連の作業の流れを理解したり作業の見通しを持つことにも困難さがある。そこで、時間の全体像、すなわち、全体の流れの中で、自分が、今、何をしているのかを意識して行動できるようにすることが、主体的な学習のために不可欠である。具体的には、次の様な配慮が求められる。

(ア)作業を始める前に、授業の流れや一連の活動の手順などの全体を把握する
　　時間を保障する

(イ)できるだけ、活動の最初から最後までを通して体験できるようにする

㈦分担作業の場合は、分担箇所を変えて体験させ、全体が把握できるようにする

㈨他の人の動きや全体の進み方を説明する。周りの人が何をしているのかが分からないため、指導者が周囲の状況を説明する必要がある。特に、作業の始まりや終わりは、「さあ、始めてください」「やめてください」とはっきり合図する。このことで、視覚障害児は安心して活動に取り組むことができる。

(2)　指先を目とする探索への配慮（弱視にも共通）

　視覚の障害は空間の全体像の把握の困難を伴う。また、指先で一度に触れることができる面積は限られているので、大きな物を触覚で認知するためには、手を動かしながら、継時的に指先に入ってくる情報を頭の中でつなげて一つのイメージを作り上げる必要がある。このような触覚による認知の仕方は、系統的な指導計画に基づく体験の積み重ねによって身に付けることができる技術である。

　そのために大切なことを以下に述べる。

①能動的な探索（自ら手を動かす探索が基本）

　触覚による情報収集は、「自分の手を動かして情報を得る」ことによって成り立つ。弱視の場合も、「近づいて、見ようと思ってじっと見る」ことで、見えてくる。したがって、能動的な態度が不可欠である。教師が児童生徒の手を持って動かすのではなく、自分で両手を使ってまんべんなく全体を触ったり、基準点からの向きや距離を確認する探索活動が基本になる。そのためには、安心してやってみる雰囲気、受け入れてもらえる雰囲気が大切である。

②教師の的確な言葉によるフィードバック

　教師の言葉によるフィードバックによって、不確かな感覚を確実なイメージにつなげることができる。ただし、視覚障害児が指先からの断片的な情報をつなげて全体像を作っている時には、そのことに集中しているので、話しかけない方がよい。やがて指先の探索が一段落したところで、タイミングよく教師が言葉でフィードバックすることが必要である。このフィードバック

がないと、確実な経験の積み上げは難しい。

③時間の保障

㈠教材の精選による時間の保障

　触覚による探索には時間がかかるので、教材を精選して一つの物をじっくり触る時間を保障することが大切である。例えば、博物館などで、何種類かの触れる展示物がある時、その全てを短時間ずつ観察しても、観察のポイントをつかむことができない。一つの物を時間をかけてじっくり観察し、イメージを描き、そのイメージを言葉で表現し伝え合うことにより、観察のポイントをつかむことができるのである。そして、そのような活動の後には、そのイメージとの比較によって、類似の物を比較的短時間で理解することができるのである。弱視児の観察についても同様な配慮が必要である。

㈡該当個所を探す時間の保障

　触覚は視覚にくらべて、教科書のページを繰ったり、該当箇所を探すのに時間がかかる。この点は一度に全体を見渡すことが困難な弱視児の場合も同様である。分かりやすい手がかりを示しながら「探す時間」を保障し、体験を積み上げる中で自分で有効な手がかりを見つけるようにするとよい。

㈢授業中の「待ち時間」をなくす

　視覚障害児童生徒の学習は、視覚中心の学習よりも時間がかかるため、上述のように、無駄な時間を省いたり、じっくり活動できるように待ったりする配慮が必要である。しかしそれだけではなく、授業の中で有効に使える時間を作り出す工夫も大切である。そこで、教材はできるだけ一人ひとりに行きわたるように準備し、授業中に不必要な待ち時間を作らないようにしなければならない。

⑶　音声を中心とした授業の配慮

　視覚障害教育では、授業は基本的に音声を中心に進められる。弱視児の場合は、文字や表現形式を示すために板書することはあるが、通常の学校のように、学習のまとめを黒板いっぱいに整理することはほとんどない。

　音声は、話す片端から消えていくものであり、最後まで聞かなければ話の

全体像が理解出来ない。そこで、重要な内容を聞き漏らさないように聞き手には集中力が要求される。一方で、話し手（教師）は、次の事柄に注意する必要がある。

①初めに話の全体像が分かるように見通しを与える

②構造が分かりやすい論理的な説明をする

③クラス全員がイメージを共有するために、定義された言葉（専門用語）の使用や表現の決まり（読み方の決まり）等を明確にする

④文字に関する情報（どのような漢字を使うか、どのような記号を書くか）を説明する

　例えば数学の授業で数式を読み上げる場合、以下のようにするとよい。教師が読み上げた数式を視覚障害児が正しくノートに記録するためには、教師が読み上げる片端から生徒が一字一句書き写すのではなく、次のような読み上げの工夫が必要である。

1回目：「記録をしないで聞くように」と指示して数式を一通り読み上げる。この時は式の長さが分かればよい。

2回目：数式の構造を説明する。特に分数については、どこまでが一つの分数か、何が分母で何が分子かを、黒板が見えなくても構造が分かるように丁寧に分かりやすく説明する。

3回目：数式を意味上のかたまりで区切り、かたまりごとにゆっくり読み、かたまりごとに記憶して書くように指示する。ここで初めてノートを取らせる。式のひとかたまりを読み上げたら、生徒が書くために要する時間を待ち、次のかたまりを読み上げる。

4回目：数式全体を通してある程度の速さで読み上げ、全体像を把握させると同時に、正確に記録できているかどうかを確認させる。

　このような読み上げ方をすれば、黒板が見えなくても数式を正しく書き取ることができる。

　体験から得たイメージは、言語化することにより、記録や他者とのコミュニケーションが成り立つようになる。また、事物に裏付けられた専門用語を

獲得することで、共通のイメージを的確な言語で表現することができるようになる。したがって、各教科において、学習内容に即した言語表現を指導することも、視覚障害児に対する教科教育の重要な側面である。

(4)　弱視児の漢字指導

　一般的に、漢字の指導は国語はもとより、どの教科においても行われるものである。しかし弱視児の場合は、文字がはっきり見えないだけでなく、教師の書字動作や自分自身が書いた文字もよく見えないために、漢字の書き順や形を正しく理解できていないケースが非常に多い。そこで、弱視児の漢字指導に当たっては、特に以下の点に気をつけたい。

①筆順の指導

　弱視児は他人の書字動作を見ることが困難なために、正しい筆順を学ぶ機会が不足しがちであり、間違った自己流の筆順が定着してしまうことも少なくない。そこで、新出漢字については、黒板を使うなどして大きな動作で書かせ、「横線は左から右」「縦線は上から下」という書字動作（筆順）の基本を指導する。大きな動作で書きながら、手の動きとして覚えさせる。

②漢字の部品（部首）に注目した指導

　漢字の基礎であり、字形パターンの認知を促進する部品（主として部首だが、部首でない部品もある）に注目して指導し、漢字を「曖昧な字形」ではなく「部品の組み合わせ」として理解させる。部品が正しく書ければ、複雑な漢字も、その組み合わせとして覚えられる。

③文字の見えにくさへの配慮

　新出漢字は、はっきり、大きく提示し、正しく認識させる。最初に漢字を間違えて覚えてしまうと、後からの修正は難しい。

　また書字についても、よく見えない状態ではいくら練習しても正しく覚えることができない。そのため、自分の書いた文字が正しいかどうかを自分で確かめられるように、よく見える条件を整えることが大切である。

④丁寧に書かせる指導

　弱視児は、晴眼児に比べて漢字を書くのに時間がかかるため、同じ漢字を

繰り返し練習するドリルのような指導では負担が大きい。また、そのような方法は、誤った字形や筆順の定着にもつながる。したがって、文字の構造を理解した上で、数少ない文字を、心を込めて丁寧に間違いなく書かせる指導が望ましい。また、その時に教師が見ている前で書かせることで、筆順や、筆記具の持ち方などを点検することができる。

(5)　ノートテイクの際の留意事項

　盲児にとっても弱視児にとっても、速く正確にノートを取ること、自分が書いたノートを読むことは負担が大きいことである。そのため、何もかも取りあえずノートに書き写しておくという授業態度ではなく、書く前に、頭の中で処理できることとノートに書くべきことを整理し、①必要なことだけを、②理解してから、③心を込めて正しく丁寧に書くように指導することが必要である。

　例えば数学の計算において、計算過程を全て書かせると書き間違いが起こり、書き間違いが原因で正しく計算することが出来なくなってしまう。そこで、式を書く前にどのように解くか見通しを持ち、計算の過程で必要な式だけを書き、作業量を減らし、丁寧に確実に書かせることを指導する。

　方程式を解く過程で、どの式を書き、どの式を省略するかは、初めのうちは教師が指示するが、やがて、生徒が自分で判断できるようになることが望ましい。このように、視覚障害に起因する困難さを克服する学習方法を身に付けさせることも視覚障害教育における教科指導が担うべき役割である。

　視覚障害児には、これまで述べてきたような配慮がなされた充実した環境の下で学ばせたい。指導法と教材と環境が整うことで、視覚障害児の可能性を、より一層引き出すことができるからである。

教科指導の専門性を継承・発展させていく上での盲学校の役割

　特殊教育から特別支援教育への転換により、通常の学校に在籍する視覚障害児は今後増えると予想される。しかし、通常の学校で日常的に受けられる視覚障害に特化した支援には限界がある。それゆえ、盲学校には、校内での

指導のほかに、通常学校に通う視覚障害児への支援がより一層求められることになる。

　盲学校は、「ここへ見学に来たら視覚障害児に対する指導上の特別な配慮が分かる」という場でなければならない。今後盲学校が教科教育の専門性を維持・継承し、地域へと発信していくために果たすべき役割は、以下の3点に集約できよう。

教科指導の専門性を継承・発展させていく上での盲学校の役割

１．指導の研究と実践

①視覚障害の特質を踏まえた指導法、教材・教具の開発

②指導法をふまえた教科書の編集

③専門性に裏付けられた試験問題の点訳・拡大（図表の修正、代替問題の作成等を含む）

２．通常学校教員に対する相談・支援

①研修（視覚障害児の特質の理解と指導の原則）

②指導内容・方法の相談

③教材の提供

３．通常学校に在籍する視覚障害児に対する盲学校での集団指導

①同じ障害を持つ友達との出会い

②「自分にもやれる」喜び

③ニーズの自覚

付記

　本稿でふれた法律等の内容は、執筆時点のものである。

　　　　　　　　　　　　　　　　　　　　　　　　（鳥山　由子）

❷ 「イメージ・言語・道具」に着目した算数・数学の指導

1．見えない・見えにくいことを考慮した手段

　日本で初めて視覚に障害のある普通科の教員として、盲学校で30年以上数学を教えてきた尾関育三氏は、「視覚に障害があることで、算数・数学の内容を理解できないことは一つもない。ただ、内容によっては、見える場合と同じ手段で教えるのではなく、他の手段を考える必要がある」ということを機会があるたびに話している。尾関氏は、自身も視力のない状態で数学を学び、盲学校で視覚に障害のあるたくさんの児童生徒に数学を教えてきた長い経験から、このような確信を得ることになったのではないかと思われる。尾関氏の「算数・数学の内容はすべて理解できる」という主張は、「視覚に障害があっても障害がない人と全く同じように何でもできる」ということではない。「視覚に障害がある場合には、障害のない人たちと同じ方法ではなくて、見えない・見えにくいことを考慮した手段を使うことで、同じ内容を理解することが可能となる」ということである。

　また、同じく30年以上盲学校で数学を教えている遠藤利三氏も「視覚に障害があっても、何らかの手立てによりこれを補うことができれば、算数・数学の内容を理解することが可能であるという立場に立つことが重要です」と言っている。これは、「視覚に障害があるという理由で、理解できること、理解できないことを判断するのではなく、どのような手段で理解させるかを考えるのが教師の重要な役割である」という、忘れてはならない大切な見方である。

　ここでは、この「手段の違い」という視点を中心に「盲学校における算数・数学教育の専門性」について考えてみたい。

2．盲学校における算数・数学教育の専門性

　尾関氏が言う「視力の状態に合わせた適切な手段を選んで教えれば、算数・

数学の内容はすべて理解できる」という言葉は、どのようなことを意味しているのだろうか。指先で触れて目盛りが読み取れる物差しを使うこと、ボールペンで描いた跡が触れて分かるレーズライターを使うこと、またグラフを指導する時、方眼紙に鉛筆で点を取っていく代わりにグラフ板にピンを刺していくことなど、普段視覚に頼っている部分を触って理解できるように置き換えることが、尾関氏の言う手段の違いと言えるのだろうか？　これらの道具を使うことで、その内容の本質を教えることが可能になるのか？　今向かい合っている視覚に障害のある児童生徒にとって適切な手段であるのか？　このように手段ということを突き詰めて考えていくと、その手段で実現できる目的をはっきりさせておく必要に迫られる。

　視覚に障害のある人は、目盛りを読み取れるように作られた物差しを使うことで、自分の力で紐の長さや箱の縦・横の辺の長さを測ることができる。レーズライターを使うことで、自分で描いた図形を触れて確認することができる。またグラフ板を使うことで、一つ一つの点を手で確認しながら取っていくことが可能になる。このようなことが可能になると、算数・数学のどのような内容が理解できることになるのか、はっきりさせておくことが求められる。

　このように考えを進めてくると、視覚に障害のある児童生徒に算数・数学の内容を教える手段を考えるためには、最初に教える内容を明確にし、その目的を達成する方法を追求していくことになる。すなわち、算数の○○を理解するためには紐の長さを自分の力で測れる技術が必要である、図形の○○を理解するためには自分で図形を描き、それを確認することが必要である、グラフの○○を理解するためには方眼紙上に取った複数個の点を一度に確認できる必要があるなどを整理しておかなければならない。つまり、教えるための手段を追求していくためには、児童生徒がその内容を理解していく過程を意識しなければならない。

3．算数・数学の学習を通して見る思考過程

　初等・中等・高等教育の算数・数学の学習を通して、その思考過程をどのようにとらえることができるのだろうか。算数・数学を学ぶ過程で、どのような技術を身に付け、どのような考え方・ものの見方を身に付けていくと考えられるのだろうか。ここで、これら一つ一つについて詳しく述べることは今回の趣旨ではないので、「盲学校の算数・数学教育の専門性」を考える上で必要と思われることについて簡単に触れておきたい。

　算数・数学の内容の理解・考え方・ものの見方などの発達は、「イメージ」「言語」「道具」の3点を軸として進んでいくと考えられる。この考え方は、私が数学を学び、数学を教えている中で意識し始めたものであるが、2年ほど前にある大学の先生が数学の考え方の講演の中でも同じようなことに触れられており、意を強くしたものである。これについて、少し具体的な例で考えてみたい。

　小学校1年生では、ものを数えることから始めて、足し算・引き算と学んでいく。数えることは、円などのある範囲の中に書かれているものを数えることから始める。足し算は、離れている所にある同じものを一緒の所に集めてその数を数えることから学んでいく。引き算は、ひとまとまりになっているものを二つに分けることや、同じことであるが、ひとまとまりになっているものからいくつかを取り去った残りを数えることから考えていく。

　数を数えたり、足したり引いたりする対象は、最初はミカンやリンゴ、ハトやスズメなどの絵である。いろいろな場面を想定していろいろな問題を考えていく間に、合わせたり取り去ったりする対象が何であるかは問題ではなくなっていく。そして、足し算は合わせること、引き算は分けること（取り去ること）というイメージだけが強調されて残るようになる。

　この漠然としたイメージを正確に表現する方法の一つが、3＋2＝5のような式である。式といったが、3と2を合わせること（特に何を合わせるかは問題ではない）のイメージを正確に表現するための言語ということができる。また、逆に式の形で表現されたものの意味を理解する時にも、この漠然

としたイメージが助けとなっている。漠然としたイメージは、全体の構造を理解するのに役立っている。言語というべき式は、イメージの細部までを正確に表現することと、そのイメージを形を変えて他の人と共有することに役立っている。

　ある事柄の、イメージによる理解と言語による理解とが相互に影響し合って、新しい知識として身に付いていく。この知識が身に付くと、算数・数学の次の段階の学習へ進むための道具として使うことができるようになる。そのためには、たくさんの練習問題を解いて身に付けなければいけない技術や知識もある。そして、イメージ・言語・道具の三つが互いに影響し合って次の段階へ進むことが可能になる。

　また、初年級においては、イメージや言語とは少し離れたところで、将来の学習の大切な道具となる基本技術を身に付ける必要が求められている。式で表現された内容をいち早く理解するための計算力や基本的な図形の作図などは、このような道具として考えられる技術である。しかし、これら三つの軸となるイメージ・言語・道具が互いに影響し合って進んでいく過程は、意識的に指導しなければ誰もが通ることはできないようである。特に初年級では、道具として考えられる計算技術だけを育てたり、紙の上で式を変形する力だけを育てたりしてしまう可能性がある。

　例えば最近は、1000－200の計算ができても「200円の買い物をして、1000円出した時のおつり」の計算ができなかったり、150×0.3の計算ができても「150グラムの30パーセントは何グラムか」の計算が分からなったりする子どもが増えてきているようである。これは、算数・数学の理解を支える三つの軸の一部である、道具となる技術だけを強調して指導している結果ではないかと考えられる。もちろん、時によっては技術を身に付けさせることで算数・数学の理解が進むこともあるが、そのような時には指導者の見通しがとても重要である。

4．三つの軸

　数学の理解・考え方・ものの見方は、イメージ・言語・道具を三つの軸として、それらが互いに影響を及ぼし合いながら段階的に進んでいくという立場で、この三つの事柄についてもう少し考えを進めてみる。

　イメージは、一人ひとりがどのようなものを持っているかを正確にみることが難しい。多くの人が似たようなイメージを持っているかもしれないが、同じ事柄に対して全く異なるイメージを持っているかもしれない。もちろん初年級の段階では、指導法の研究も多数あり、指導者によってイメージも似たようなものになることが多いと思われる。しかし、大学レベルの数学では、人によって全く異なるイメージを持っていることもあるであろう。

　言語についてはどうであろうか。言語という以上は、理解していることを正確に表現すること、他の人と知識を共有することができるものでなければならない。ここでは、式であったり、平面上に表現される図形やグラフであったり、空間的に作られた模型のようなものであったりする。

　道具はというと、計算力であったり、式を変形していく力であったり、基本的な図やグラフを作図する力であったりする。もちろん、小学生で学ぶ算数の内容は、中学生で数学を学ぶ時の道具となる。

5．視覚に障害のある児童生徒たちと三つの軸

　それでは、視覚に障害のある児童生徒たちにとっては、算数・数学の学習を進めていく過程でこの三つの事柄、イメージ・言語・道具はどのように考えられるのだろうか。視覚に障害のない児童生徒との間に何か違いがあるのだろうか。

　イメージの獲得については、人は8割以上の情報を視覚から得ているという事実から見ると、視覚に障害のあることで大きな違いがあると考えられる。これは、情報を視覚から得て作るイメージと触察を通して作るイメージの違いといえるだろう。このことについては、今ここで深く触れないことにするが、最も大きな違いの一つである。

　言語についてはどうだろうか。言語そのものには違いはない。ただその表現方法に違いが出てくる。視覚に障害のない児童生徒は、紙や黒板に書くことを中心にして表現している（この場合の文字は視覚に障害のある児童生徒が使用する点字に対して墨字と呼ばれている）。ノートにこの墨字を書くことで自分で考えたことを表現し、黒板に書くことで他の人に伝えている。これで十分言語としての役割を果たしている。

　一方視覚に障害のある児童生徒の場合は、墨字の代わりとなる点字がある。点字は自分の考えを表現するためには重要なものの一つで、現在の盲学校の算数・数学の授業の中ではその役割を十分に果たしている。しかし、直接触れなければ分からないために、一度に多くの人に情報を伝える言語の役割としては不十分である。これを補うために、言葉による表現が重要になる。数学の分野では、紙に書かれた数式を見て理解するだけのことが多く、それを言葉で正確に読み上げることは少ない。しかし、視覚に障害のある児童生徒にとってはこれが不可欠なこととなる。

　三つ目の道具についてはどうだろうか。計算といわれて頭に浮かぶのは、普通は筆算であると思う。しかし、残念ながら視覚に障害のある人にとって、筆算の代わりとなる便利な計算手段はない。現在盲学校では、筆算の代わりとして珠算を中心に教えているが、暗算の力も無視することはできない。

　さらに、視覚に障害のある児童生徒に求められる道具としての力に、触察の力と記憶力が考えられる。触察の力の重要性は、文部科学省著作の盲学校小学部１年算数の教科書の第１巻に、この力を育てるための入門期の指導として、指たどりの１冊が設けられていることからも分かる。このような教材を利用して触察の力を育てることが、算数・数学の学習を進めていくための道具となる。

　記憶力についてはあまり触れられることがないようである。しかし、視覚に障害がある場合、算数・数学の学習を進めていく際に、記憶力は重要な力の一つとなる。それは、言語としての式の表現方法が点字だけでなく、言葉による表現が重要であることからも明らかである。読み上げられた式は、黒

板に書かれた式と違って、聞き取ったところから消えていく。見えていれば必要に応じて黒板に書かれた式を何度でも見ながら考えることができるが、視覚に障害がある場合、読み上げられた式を記憶できなければ次へ進むことは不可能になる。

　例えば、紙と鉛筆を使って、長い式を変形していくことを想像してみてほしい。墨字では、イコールを行頭にそろえて書きながら式を変形していくことになるだろう。1行目は、式を教科書などから書き写すことから始めるが、2行目3行目と進むにつれて、すぐ前の行を見ながら頭の中で計算した結果を書いていくことになる。このような一連の操作を、点字器を使って実現することはそれほど易しいことではない。

　頭の中で計算した結果を、両手を使って書くこと、書いている所から手を離して少し前に書いた点字を手で読むこと、それをもとに次を考えて前の続きに書いていくことを続けることは、かなり複雑な操作になる。このような操作を補うのが記憶力である。何行にもわたる長い式変形を、全て記憶するための記憶力は必要ない。すぐ前に書いた1行だけ記憶することができれば、ずいぶん効率よくこの一連の作業を進めることが可能になる。

　墨字を使っている児童生徒であっても、極端に視力が弱かったり視野が狭かったりする場合には、同じようなことがいえる。すぐ上の行を確認しながら計算してその結果を書いていく一連の操作は、複数の所を見ながら続けなければならない。この操作を少しでも楽に進めるためには、やはり記憶力を活用することが必要なのである。

　もちろん、このような計算過程の一連の操作には計算ミスもつきものである。結論に達した時に間違いに気づいて、もう一度全体を見直さなければいけないことはよく起きることである。このような時にも、わずか1行でも記憶できれば、頭の中で1行上の内容を計算しながらその結果を確認していくというような、同時に2行見ているのと同じ効果が実現でき、効率のよい見直しが可能となる。

6．視覚障害教育と算数・数学

　これまで、算数・数学の理解・考え方・ものの見方の発達は、イメージ・言語・道具の三つの軸を中心に進んでいくことを前提にして、これら三つの軸の基本となるものの違いを見てきた。その結果、①視覚に障害があるために、基本的なイメージを作っていく情報を取り入れる窓口が違うこと、すなわち視覚ではなく触察が中心であること、②言語としての式や図形の表現方法において、文字や作図だけでなく言葉による表現が大きな役割を占めていること、そして③基本的な道具として、触察の力や記憶力を身に付ける必要があること、などの違いがはっきりしてきた。

　この観点から見ると、算数・数学の学習を進めていく過程で、視覚に障害があるかないかの違いは無視できないことのようである。特に、初年級においては、教える側が配慮しなければならないことが至る所に見られる。それでは、次に視覚に障害のある生徒がこのような力をどのようにして身に付けていくか考えてみたい。

7．触察を通した理解

　時々こんな話を聞く。小学校低学年の子どものことである。「Ｖ字型のような図形を触らせると、とがった所に触れるだけですぐに三角形と答えるのですが……」。このような子どもたちにとって、三角形のイメージはどのようになっているのだろうか。また、どのようにしてそのイメージが作られてきたのだろうか。少なくとも自分の持っているイメージを三角形という言葉で表現することはできていると考えてよいだろう。ただそれはイメージを表現しているだけで、言語としての役割を果たしていないのである。

　視覚に障害のある子どもたちにとって、基本的な図形のイメージを作る重要な情報の窓口の一つは触察である。では、どのようなものに触れることで、それらのイメージを作ることができるのだろうか。視覚に障害のない子どもたちに対しては、いろいろな基本図形を描いて見せながら対応する名称を示すことで、視覚的なイメージを作りながら言語を対応させていくことになる。

　視覚に障害のある児童に対しても、点図で描いたいろいろな基本図形を触らせながら対応する名称を示すことで、同じようなイメージを作り、それを言語と対応させることができるのだろうか。

　視覚的にものをとらえることと、触察を通してものを理解することの違いは、よく知られている。最も特徴的な違いは、視覚は瞬時にものの全体をとらえることができ、次に詳細を見ていくのに対して、触察では、一度に指先で触れられる部分が非常に限られた狭い範囲であるために、次々と手に触れた部分的な情報を頭の中で組み合わせることで、全体を理解していくという点である。

　このように、既に触れた部分と現在触れている部分を組み合わせて頭で一つのもののイメージを作り上げていくという触察の方法は、かなり高度である。したがって、このような触察の方法で、初年級の子どもたちに基本図形のイメージを作り上げるために必要な力が育っていると考えることは難しい。基本的な図形のイメージは、一度に形の全体的な特徴をとらえることから作られていくと考えられるためである。

　しかし、高度な触察の力が十分に育っていなくても、触察で一度に形の全体像をとらえることは可能である。両手の中に入る程度の大きさの、少し厚みのある基本的な図形であれば、視覚と同じ程度に、時によっては視覚以上に正確に全体の特徴をとらえることができるからである。両手の中に入る大きさで厚さ1センチ程度のいろいろな三角形の板を触らせることで「三角形はとがった所が三カ所ある形」というイメージを作ることは可能である。両手の中で触るといっても、一度に図形の全体に触ることはできない。それでも、一つのものとして感じることができる。

　この段階では、辺がわずかに湾曲していたり、辺の一部がわずかに削れていたりすることに気づかないとしても問題ではない。三つのとがった角があることが強調されてさえいれば、最初の目的は達成されたことになるはずである。そして次の段階として、厚みのある板の詳細を観察する過程、すなわち、角から角までの辺の形などを観察する過程を経て、平面に描かれた点図

を触察によって読み取る段階へと進んでいくことになる。

8．学習の基礎力

　とがった一つの角に触れただけで「三角形」と答えてしまう子どもたちの力はどこまで育っているのだろうか。いろいろな基本的な立体図形に触れたこともなく、基本図形のイメージさえも持てずに、とがったものは三角形と思っているのかもしれない。手の中に入る厚みのある平面図形を触った経験から三角形のイメージは正確に持っていても、点図を触察によって理解する力が育っていないために、触って感じた所から一番近いと思われるものの名称を答えているのかもしれない。ここで、指導者の考え方や教材の選び方について話を広げるつもりはない。

　今、私たちが目を向けなければいけないことは、視覚に障害がある子どもたちに、算数の最初の内容を理解するのに必要とされる力がどの程度身に付いているかということである。すなわち、算数の最初の学習段階において、イメージを作り、言語を獲得するための道具がどの程度身に付いているかということである。なぜなら、視覚を通してものを理解する力は日常生活の中で自然に発達する環境があるが、手で物に触れてそれが何であるかを理解しようとする力を育てる環境は非常に少ないためである。

　親子が一つのりんごを見て、「丸くて赤いもの」などと言葉を交わすことはよくある。このような会話を通して、子どもたちの中に丸いとか赤いとかいうイメージが作られていくことは自然なことと考えられる。しかし、何かに触れるとなると事情はかなり異なる。二人で一緒に同じものに触れて、その触れた感じについて会話をすることはほとんどない。一緒にりんごに触って「つるつるしているね」などと話したことのある人はどれくらいいるだろうか。それどころか、「熱いから触らないように」とか「触るととげが刺さるよ」など、触れ方を教える機会よりも危険を避ける方が先になることが多いはずである。サボテンがある時、とげが刺さらないように気をつけることはあっても、触り方を教える人はいないだろう。つまり、触察を通してもの

を理解する力は、意識的に育てなければ、日常生活の中で自然に育っていく環境はほとんどないといってもよいのである。

　基本図形である三角形のイメージを作り、それを三角形という言語と結び付け、そしてこの言語を通して他の人とイメージを共有することで、それが次の段階へ進む道具として使えるように導いていくためには、子どもたちが基本図形のイメージを作るための道具となる触察の力をどの程度身に付けているか、また触察して感じたことを表現する言語の力をどの程度身に付けているかを見極めることから始めなければならない。その上で、算数の内容を指導することだけでなく、同時にその中に、将来大事な道具となる触察の力や記憶力、言葉での表現力を育てる指導を含めることが必要なのである。

9．基礎的な力を育てるもう一つの軸

　視覚に障害がある児童生徒の基本的な力を育てるもう一つの大切な要因として、「基本的な経験の重要性」が指摘されている。算数・数学教育においても、日常的な経験や数学的経験は、教科の内容を理解する上で大切な役割を果たしている。特に、これまで述べてきた数学的なイメージを構築していく過程においては重要であると考えられる。

　中学一年生では、初めて文字式を学習する。日常生活の中で考えられる問題解決に方程式を応用して、具体的な事柄を抽象化していく過程の一つである。この段階の練習問題に取り上げられる題材の数十パーセントは、物とお金のやりとりである。

　例えば、我々は「みかんを15個買って、2000円出したらおつりが800円でした。みかん1個の値段はいくらですか」という問題を方程式をつかって考える時、言葉で表現されている事柄を文字式を使って表現し直すことから始める。すなわち、数学の言語で表現し直すのである。この力を身に付けていく過程では、言葉で書かれている事柄を単に文字式に置き換えていくのではなく、経験的イメージがその操作を助ける大切な役割を果たしている。一人で買い物に行き品物とお金のやりとりをした経験が、みかん全体の値段と出

したお金とおつりの三つの関係の理解を容易にしているのである。

　しかし、視覚に障害のある生徒たちには、一人で店に買い物に行き、大きなお金を出して品物とおつりをもらうという経験が少ない。小学生の時に買い物学習で買い物をした経験や、おつりをもらわないようにお金を払った経験しかない生徒も珍しくない。教室での私の経験上、たとえ本質的に同じ内容の問題であっても、品物とお金のやりとりに比べて、物の分配や物の重さに関する問題の方が理解されやすいことが多いと感じるのも、生徒たちの経験不足と経験の重要性を物語っていると思われる。

　さらに、基本的な数学的経験も大切である。例えば、量の概念が育っていく過程では、ものの長さ、広さ、大きさなど、普段視覚を通して何気なく経験して積み重ねられていくことが重要な役割を果たしている。視覚的経験がなかったり少なかったりする児童生徒に、このような数学的経験に代わる経験、すなわち、視覚以外の感覚や触察、体全体を使って感じる数学的経験を意識的にさせることは、算数・数学の学習のための基本的な力を育てていく上で、大変重要なのである。

10.　盲学校における数学の授業の考え方

　ここでは、筑波大学附属盲学校の数学の授業の考え方について、二点ふれておきたい。

　先にも述べたように、盲学校での授業の多くはほとんど黒板を使用しない。黒板の代わりの役割を果たすのが、言葉による表現である。黒板を使う時には、そこに書かれた文字、絵、グラフと言葉によって内容が伝えられていく。しかし、黒板を使わない授業では、全てを言葉による表現で伝えなければならない。

　言葉の表現だけで内容を正確に伝えるためには、教師と生徒、生徒と生徒の間に正確に伝わる言葉の約束が必要になる。しかし、そのような関係は、一時間や二時間で簡単に作られるものではない。何度も同じ式を読み上げたり、教科書に書かれている図形をみんなで触りながら言葉の指示で一緒に手

を動かしたり、みんなが同じ立方体を持って言葉で確認しながら観察したりすることを通して、約束事は徐々に構築されていく。

それでも、数カ月もたつと、言葉による説明で生徒たちはみんな同じようなイメージを持ち、頭の中でそれを操作できるようになってくる。中学二年生の後半にもなると、「平行四辺形ＡＢＣＤを思い浮かべて、頂点Ａと頂点Ｃを結んで」と言うだけで、生徒たちは、時にはちょっと机の上で手を動かすだけで、みんな同じようなイメージを持つことが可能になる。さらに、生徒同士も、それぞれが持っているイメージを言葉で説明しあい、互いの考えを伝えることができるようになる。

もう一つは、基本的な事柄に十分時間をかけることである。そうすることによって、その応用については時間を短縮することが可能になる。また、この段階において、言葉による約束事を作り上げることも重要なことである。

例えば、中学一年生の比例のグラフの単元では、初めてｘｙ座標平面が導入される。この導入段階では適切な教具を使って、平面をｘ軸、ｙ軸によって分割すること、平面上の各点と二つの数の組が一対一に対応していること、言葉による表現から平面上の点の位置を決められること、平面上の位置を言葉で表現できることなどが正確に理解できるようになるまで、十分に時間をかける。

これらのことが正確に理解できて、さらに頭の中に座標平面がイメージできるようになると、そこから先は特別な教具をほとんど使わなくても、教科書に書かれているグラフだけで（時にはそれさえも確認のためのものとするだけで）授業を進めることが可能になる。

11. 教える内容の本質を押さえた指導

尾関氏の確信は、私たちに大きな力を与えてくれる。それは、教える内容の本質を押さえた上で、視覚以外の感覚を通してものを理解していく特徴に合わせた適切な手段を選ぶことで、その内容を教えることが可能であるということが保証されるからである。

　子どもたちが育っていく過程では、視覚に障害があるかないかはとても大きな違いである。触察の力や記憶力、ものを言葉で表現する力などは、眼で見ることの代わりとなる力ではない。視覚に障害のある児童生徒が持っている力を引き出すための基礎となる力である。そして、これらの力は意識的に育てなければ育たない。これらの力を算数・数学の学習の中で育てることは、これから先の算数・数学の学習を続けていくことを可能にする力を育てることである。私たちには、算数・数学の教える内容の本質を押さえた上で、触察や記憶・言葉による表現などの特徴を正確に理解して、これらの力を育てながら子どもたちの発達段階に合わせた適切な手段を選び、その本質を教えていくことが求められているのである。

（高村　明良）

❸ 体育の指導から考える視覚障害教育の専門性

1．はじめに

　盲学校での体育実技指導は、いわゆる「視覚障害教育の専門性」を具現化する分かりやすい対象だととらえられている。確かに体育実技の場面では、様々な配慮や工夫によって視覚情報を補う具体的事象を見ることができる。しかし、長い間盲学校の体育指導に携わってみて感じるのは、そのような配慮や工夫は当然必要であるが、その礎として存在する「教科教育の専門性」こそ、視覚障害のある児童・生徒に体育実技指導を実践する上で最も重要なものである、ということである。

　体育は、全体の動きやフォームなど視覚情報をもとに学習することの非常に多い教科である。これらの視覚情報を得にくい子どもに実技指導をするには、指導しようとする教材(種目)の運動特性や基本的動作の本質的な意味合いを理解しておかなければ、的確な指導をすることは困難になる。この点を押さえた上で、視覚障害児童・生徒の体育実技指導において、基本的なポイントになるであろうと思われる事柄について全般的に考えてみた。

2．基本の運動・動作の指導

(1)　発達段階に合わせた指導

　視覚に障害のある児童・生徒は、発育環境や視覚障害の発症時期・視覚経験・運動経験などにより、運動技能や認知能力の獲得等において、その発達段階に大きな差がある。

　視覚障害の発症が早く、視覚経験が全くない場合と、発症の時期が比較的遅く、ある程度スポーツフォームを獲得できている場合とでは、指導の仕方は全く違ってくる。個々の段階をしっかりと見極め、抜け落ちた段階を把握するとともに、発達段階に応じた指導をすることが望まれる。

　そのためには、基本の運動・動作の指導を丁寧に行うことが有効である。

どうもぎこちない動作だなと思ったら、自然な動きになるような指導をしてみる。その中から重要なヒントが見つけ出せたという例は、めずらしいことではない。

　また、できるだけ早い時期に指導することも重要なことである。幼少期に身に付けておかなければ、獲得できない（獲得しにくい）感覚や動きには基本的なものが多く、その後の体育指導やスポーツ活動に多大な影響を与える。

　基本の運動・動作の指導を行う時には、指導する側が運動・動作の仕組みや発達に応じた獲得段階の様式をしっかりと理解していることが大切である。

　また、各児童・生徒が獲得している感覚や認知・言語などの実態を把握しておくことも指導上必要な事項として考えられる。空間の認知が不十分な子どもに「もっと上に投げなさい」と言っても理解できないであろうから、「上」という感覚を身に付けさせるための指導を合わせて行うことも必要になる。

⑵　分習法による基礎からの指導

　基本の運動・動作を指導する時に、動きの中で指導内容を理解させることが困難な場合は、一つ一つの動きに分けて静止した状態で指導を行う。また、ゆっくりとした動きの中で、フォームを理解させることも有効なことがある。ただし、あまり形に固執しすぎると、目的とするスポーツの本質からはずれてしまうことがあるので注意した方がよい。例えば、膝の上がらない走り方をする子どもに「もも上げ歩行」を指導する時に、膝を引き上げることだけを強調しても望ましい疾走フォームには結び付かない。「足の裏全体で地面をとらえる感覚」や、「地面を押して体を前方移動させる感覚」を合わせて指導することも大切である。

⑶　身体の補助による動きの指導

　実際に手や脚など身体の一部を補助しながら動きを理解させることは、とても効果的な指導手段である。運動や動きの特性に応じて、身体のどの部位をどのように補助すればよいのかということについて、的確な判断が必要である。

⑷　触って理解させることによる動きの指導

　指導者の身体を触らせることによって、フォームなど動きのイメージ作りができることもある。

3．視覚障害の特性を生かした題材

　視覚に障害のある児童・生徒の体育指導を行う上で重要なことに題材の選択がある。盲学校で用いられている題材として、⑴一般の学校と同じ題材、⑵一般の題材を視覚に障害のある児童・生徒向けにアレンジした題材、⑶盲学校独自の題材がある。

⑴　一般の学校と同じ題材

　陸上や水泳・マット運動・縄跳び・スキー・スケート・柔道などの個人競技が多く取り入れられている（ただし、ハードル走や水泳の飛込みなど、安全面の配慮等によりあまり実施されていない種目もある）。

　これらの題材は、基本の運動・動作の指導にも結び付くものが多く、指導者と子どもが一対一で向き合える点で、課題を見つけやすいといえる。また、子どもにとっても、思い切って力を発揮できる題材となる。

　なお、これらの種目の指導においても、視覚障害によるハンディをカバーするためのちょっとした工夫は不可欠である。

⑵　一般の題材を視覚に障害のある児童・生徒向けにアレンジした題材

　転がしドッジボールやグランドソフトボール・フロアバレーボールなどは、一般の競技種目の特性やルールを活かしながら、視覚に障害のある児童・生徒向けにアレンジし、楽しめるように工夫したもので、球技種目に多く見られる。

　テレビやラジオなどでよく聞くスポーツを楽しみたいという子どもは多く、盲学校の体育では人気の高い題材である。

　ルールについては、複雑で理解しにくいものがあったり頻繁に改正が行われたり、また、盲学校(地域)によってルールが違っていたりと、指導する側にとっても子どもにとっても難しい課題がある。現在、日本障害者スポーツ

協会や各障害者スポーツ競技団体・全国盲学校体育連盟などで改善の取り組みがなされつつある。実際の体育指導の場面では、既成のルールに制約されることなく、子どもの実態に合わせたルールに適宜改善し、楽しく実施できるようにする方がよい。

⑶　盲学校独自の題材

　ゴールボールに代表される、視覚に障害のある児童・生徒向けに開発された題材である。特別な器具やボールなどを用いて、専用のルールで行う。少人数化にも対応でき、視覚障害の特性を活かした題材として、今後普及していくことが予想される。

　ボールや施設(ゴールなど)面で、経済的負担が大きいこと、ルールが一般に普及しておらず指導者が少ないことなどが課題としてあげられる。

４．眼疾患や安全面への配慮

　視覚に障害のある児童・生徒の体育指導において最も注意を払わなければならないことは、安全面への配慮である。子どもが安全を認識することで、信頼関係も生まれパフォーマンスを最大限に発揮できる環境が整う。

　また、見え方や眼疾患の特性について把握しておくことは、安全面での配慮はもちろん、指導方法の工夫に関しても大いに役立つことだろう。

　さらに、指導者と子ども、養護教諭や医療関係者、保護者とが連携を図って安全面の配慮をすることが望まれる。

⑴　見え方と配慮について

　弱視児の見え方には様々なケースがあり、それぞれに応じた指導上の配慮が必要となる。特にまぶしさに対する配慮は効果も大きいので、子どもと話し合いながら、よりよい環境を設定できるように工夫することが大切である。

　また、視野欠損の程度によっては、理想とされているスポーツフォームが、パフォーマンスの発揮にマイナスに働いてしまうこともあるので、どのように見えているのか、どうすれば見やすいのかなどということを子どもとの対話を通して把握しておくことも大切なことである。

⑵　体育の指導上、特に配慮を要する眼疾患

　視覚に障害のある児童・生徒の体育指導において、眼への直接刺激に注意を要することは当然であるし、場合によっては間接的な刺激が悪影響を及ぼすこともある。中でも特に配慮を要する眼疾患の代表的なものを以下に示す。

①牛眼

　眼球破裂や網膜はく離を起こしやすく、顔面の打撲やボールの衝突に注意する必要がある。また、保護めがねがずれて眼球を圧迫することもあり、装着は慎重にする必要がある。

②緑内障

　力む運動(懸垂など)や倒立のように眼圧が高くなりやすい運動には注意が必要である。

③網膜はく離

　網膜はく離の子どもは、運動を禁止されていることが多く、許可されていても激しい動きやジャンプなどは避けた方がよい場合が多い。体育の指導では、個別に対応する必要がある。

④小眼球・強度近視

　網膜はく離を起こしやすいので注意が必要である。

⑤その他

　網膜色素変性症や白子眼・全色盲などは、まぶしさに弱いので、サングラスをかけさせたり、体育館の採光を調節したりするなどの工夫をする必要がある。また、白子眼は日焼けに弱いので、十分な配慮が必要である。

⑶　安全への配慮

①緊張感・集中力の維持

　体育では、緊張感や集中力を保って活動することがとても大切である。疲れていたり、油断が生じたりしないよう、常に子どもの状態に気を配ることが大切となる。特にゴールボールなどで、弱視の子がアイシェード（**写真3-1**）を付けて運動をする時や校外の慣れないコースを走る時などは、普段以上に十分な配慮が必要となる。

　また、指導者が余裕を持って指導に臨むことも重要なことである。

②環境の整備

　見えやすいように、床面とラインのコ
ントラストをはっきりさせたり、不要な
ラインを隠したり、採光、遮音、保護マッ
トや支柱カバー（**写真3－2**）などを利
用したり、床面の足触りを変えるなどの
工夫をすることで、より安心して運動で
きる環境を整備する必要がある。

③明確な指示

　指示は、明確に大きな声で行う。特に、
ボールゲームなどにおけるボールデッド
の合図（ホイッスルやコール）は、素早
く行うことが大切である。また、ボール
デッドの合図があったら直ちに動きを止
めなければならないことを、事前に確認
しておくことも必要である。

④動き方のきまり

　運動前と運動後の動き方（動線）は、
最初にきちんと決めることが大切である。
円周走でゴールした後にロープをいきな
り離したり、50m走でゴールした後、急
に曲がったりすることは、大変危険である。

⑤ボールの渡し方

写真3－1　アイシェード

写真3－2　支柱カバー

　ボールは手渡しやゴロ、バウンドボールで渡すように、約束事として定着
させるようにする。ボールを渡す際には、必ず声をかけ、相手の体勢が整っ
たのを確認してから渡すようにする。

　また、弱視の場合は、視野欠損の状態や見え方に配慮したボールの受け渡

しが必要である。

5．指導上の配慮

(1)　フィードバック

　運動や動作の結果(記録やフォーム、ボールの行方など)は、その都度知らせるようにする。自分が行った動作がどのような結果に結び付いたのかを、タイムリーに知らせることは、スキルの獲得に大いに役立つ。

(2)　リズム

　リズムを耳や身体で感じ、運動に生かすことは、視覚に障害のある児童・生徒にとって、とても貴重で有効な手段となる。声や音を使うことも大切であるし、手をつないで一緒に動作することでリズムを伝えることもできる。その際、できるだけリズムが伝わりやすい幇助法を工夫することが大切である。

(3)　具体的な指示語

　指示語は、抽象的な表現を避け、できるだけ具体的に示すことが大切である。「もう少し前」と指示するよりも「一歩前」と言う方が分かりやすくなる。

(4)　教材・教具の工夫

　ボールの転がる音を強調するために、ボールの中に鈴を入れたり、高跳びのバーを見えやすくするために薄い布をかけたり、バスケットボールのゴールに音声装置を付けるなど、いろいろな教材・教具の工夫がなされている。子どもの実態に合わせて、より見えやすく、より聞こえやすい教材を工夫することが大切である。

6．具体的な指導例

　ここでは、体育実技指導の具体例として、陸上競技の走運動を紹介する。「走る」という動作は、子どもの頃から何気なく身に付けるもので、学校体育においても、あえてランニングフォームを指導することはあまり行われていないようだが、視覚に障害のある子どもの場合は、基本的な事項をしっかりと学習することで、走り方が格段に向上する例が多い。

(1)　基本パターンの指導

　本校では、陸上競技の指導を始めるに当たり、「基本のパターン」として、もも上げ歩行（**写真3－3**）やもも上げスキップなどのドリルを指導している。

　これは、基本的な動きを反復練習することで、「膝を引き上げる方向」や「地面を踏む方法」などのイメージを理解させ、合理的な「走」のフォームを習得させるためである。

　指導の観点として、例えばもも上げ歩行では、

　①支持脚で地面をしっかりと押すこと

　②膝をまっすぐ前方に上げること

　③脚を下ろす時は、足裏全体で地面を踏むようにすること

　④上半身が、重心の上にしっかり乗っていること

　などを念頭に置く。

　最初は、移動しないで練習し、一つ一つの動作を手をとって補助しながら指導する。次に移動しながらスムーズな重心の移行が行えるように練習する。

　手足を自分のイメージ通りに動作させることは、実はとても難しいことなので、フォームが完成型に近づいていることよりも、走る際に必要なこと（地面への力の伝達や重心の前方への移動など）が達成されているかどうかを見ながら指導することが重要であると思う。フォームだけにこだわると、大切な部分を見落としてしまうので注意したい。

　スキップでは、地面へ加える力の方向を変化させて、身体を上方や前方へ移動させる感覚も身に付けることができる。また、振り下ろした脚と振り出す脚の協調により、大きなエネルギーを生むことも実感できる。

写真3－3　もも上げ歩行

　このような基本的な動作を学習する場合は、その都度状況のフィードバッ

クをし、自分が行った動作がどのような動きであったのかを確認させながら指導することが必要である。

(2)　音源走

　基本的な動作が習得できたら、実際に走ってみる。ゴール付近で音源を鳴らし、そこに向かって走る。音源は、声や拍手・ブザーなどはっきり聞こえて定位のしやすい音がよい。場所は、安全の確保できる広い場所(特に横方向)で行う。

　コースをそれた時には、的確に大きな声で指示を出すことが大切である。ゴールした時の合図は、走者がスムーズに止まれるような工夫をする。例えば、ゴール地点で「ストップ！」といきなり叫ぶよりも、ゴール手前から「後10m、もう少し、ストープ」という具合に声かけをするとよい。

　コーラー（音源係）と走者との信頼関係が築かれることは、とても大切なことで、安心して走ることに専念できる状況を提供することは、パフォーマンスの発揮にとって最も重要だと言えよう。

(3)　伴走

　音源走で走ることのできる距離は60m程度であり、それを超える距離や曲走路では「伴走」で走るか、「円周走」で走ることになる。

　ここでは、「伴走」について簡単に触れておく。伴走は、紐を使ったり、手をつないだり、併走したりして一緒に走ることで、指導者が一緒に走りながら指導することができるので、効果的な指導が期待できる。「走のリズム」や「腕の振り方」などを指導する時にも有効である。

　伴走の基本は「二人三脚」であり、伴走者が走者のリズムに合わせることが必要である。また、あえて指導者が、正しいリズムやフォームでリードしながら走ることで、生徒のリズムやフォームが矯正されていくこともある。

（原田　清生）

第Ⅳ章 視覚障害学生の高等教育支援

① 視覚障害者の大学進学の歴史と現状

1．1965（昭和40）年以前の状況

　視覚障害者の大学進学の例は、戦前においても、東京女子大学、関西学院大学、日本大学にある。文部省は1948（昭和23）年、文部省告示昭和23年第79号によって東京盲学校師範部第１学年修了者に新制大学の受験許可を与え、1949（昭和24）年には早稲田大学、日本大学、同志社大学に盲学生が入学した。また、学制変更後、盲学校高等部からは1951（昭和26）年、東京教育大学に盲学生が入学した。

　当時の盲学校は理療科教育が中心であり、大学進学を志す生徒たちは、理療の勉強をしながら並行して受験勉強をしていた。また、理療科に籍を置いて勉強しながら、大学の夜間部へ通っていた学生もあり、盲学校の教師にもそれを支援する空気があった。しかし、この時期の大学受験者は、例外的な存在であり、受験に当たっての大学当局との交渉も盲学生個人が進めなければならなかった。そのような状況にもかかわらず、1949（昭和24）年から1955（昭和30）年までの７年間に、全国で24大学へ59人の点字使用者が入学している。

　このような先進的な空気が生まれた要因の一つは、国立大学の受験に当たって受けなければならなかった「進学適性検査」の点字試験が行われたことである。1948（昭和23）年２月の第１回試験の時、文部省は点字受験を認めていなかった。これがGHQの耳に入り、その勧告によって受験が可能になったものである。

　文部省は、これ以後、点字受験に熱心に取り組み、各大学に多大な影響を及ぼした。また、1951（昭和26）年には、ヘレンケラー財団（1948年、毎日新聞社の後援により設立）の主催により、第１回全国盲大学生大会が開催され、文部大臣、厚生大臣(それぞれ本人)などが挨拶をしている。この大会において、日本盲大学生会が発足した。

　しかし、これに続く1956（昭和31）年から1964（昭和39）年までの９年間には、17大学へ26人が進学したにとどまっている。社会全体の就職難の中で、大学進学よりも理療科で身を立てる方が先決という考え方が支配的になったためである。また、日本盲大学生会は1958（昭和33）年、毎日新聞社の補助が打ち切られたために自然消滅してしまった。

　その後、1961（昭和36）年７月に盲大学生の会を復活させようと有志が集まって作られたのが「文月会」である。同会は日本盲大学生会の反省から、外部団体に頼らない全国組織とし、在学生と卒業生を正式メンバーとして発足した。1963（昭和38）年に機関誌『新時代』（後に『視覚障害』と改題）創刊号を出し、1964（昭和39）年には「日本盲人福祉研究会（文月会）」として活動を開始している。

２．1965（昭和40）年以後の状況

　この頃の盲学校はまだ理療科中心の時期であり、普通科卒業後、理療科で手に職を付けてから大学に進学するという考え方も強かった。個々の大学受験生のための大学との交渉は出身盲学校が個別に当たり、一つ一つ大学の門戸を開くという地道な努力が続けられた。

　社会的には、1965（昭和40）年に文月会が第１回盲人の大学進学促進大会を開き、1967（昭和42）年には、全国盲学校長会、全日本盲教育研究会とともに全国視力障害者大学進学対策委員会を結成した。また、1967（昭和42）年１月から２月にかけて、筑波大学附属盲学校高等部及び専攻科の生徒が池袋駅前で、大学の門戸解放・教育の機会均等を訴える署名運動を、土曜・日曜日10回にわたって展開した。

　このような社会的な機運の高まりを背景に、本人と盲学校の努力の結果として、当時1桁であった大学進学者は1969（昭和44）年からは2桁になり、1971（昭和46）年以後は毎年およそ20人を越えるようになった。

　表4－1は、1965（昭和40）年から2006（平成18）年までの、視覚障害者の大学進学者数である。年によって変動はあるものの、1971（昭和46）年以後の進学者数は、20〜30人という傾向が続いている。盲学校の高等部卒業生の数が減っていることや、重複障害の生徒が増えていることを考慮すれば、大学進学を目指す生徒の比率は増えているといえるであろう。

表4－1　全国の大学に進学した視覚障害者数
（1965年度〜2006年度）

年度	進学者	年度	進学者	年度	進学者
1965	6（6）	1979	21（12）	1993	30（20）
1966	3（3）	1980	19（9）	1994	30（19）
1967	7（7）	1981	19（12）	1995	20（16）
1968	6（6）	1982	17（10）	1996	29（17）
1969	11（11）	1983	27（15）	1997	26（13）
1970	13（13）	1984	24（13）	1998	31（18）
1971	18（13）	1985	26（15）	1999	29（19）
1972	25（13）	1986	37（19）	2000	39（28）
1973	21（10）	1987	29（21）	2001	24（15）
1974	25（14）	1988	22（19）	2002	27（13）
1975	16（8）	1989	29（19）	2003	43（28）
1976	23（10）	1990	30（24）	2004	30（18）
1977	27（16）	1991	27（18）	2005	29（20）
1978	17（9）	1992	29（23）	2006	17（11）

　この表は、日本盲人福祉研究会(文月会)、全国盲学校長会大学進学対策特別委員会、全国高等学校長協会入試点訳事業部等の調査をもとにまとめたものである。
　表中のかっこ内の数値は、進学者数のうちの点字使用者数を表わす。
　また、一般の大学への進学状況の推移をみるため、1991年に開校した筑波技術短期大学(現筑波技術大学)への進学者は含めていない。

　また最近では、数学・物理・化学などの自然科学系、古文書や書写が必要な日本史学科や国文科、実験が必要な心理学科などを含めて、多様な学部・学科への進学が可能になっている。特に、1983（昭和58）年に国際基督教大学が物理学で、また1999（平成11）年に東京大学が化学で、それぞれ点字使用者の入学を認めたことは、理科分野における視覚障害者の大学進学にとってエポックメイキングなことであったといえる。

3．共通1次試験及び大学入試センター試験に関する取り組み

　1970年代の中頃になると、1979（昭和54）年度入試から実施される国公立大学共通第1次学力試験の実施が具体化してきた。全国盲学校普通教育連絡協議会（普連協）[1]は、「共通1次試験の点字受験」を実現することにより国公立大学の点字受験を抜本的に解決することを意図して、国立大学協会等との話し合いをもち、試行テストを経て点字受験の実施をみることができた。しかし、「共通1次試験」の点字受験のためには「2次出願校との、共通1次試験出願前の協議」という思わぬ障壁が設けられ、大学の門戸解放への道のりの長さを思い知らされることになった。

　点訳方法や試験実施については、1977（昭和52）年12月の試行テスト実施後、1978（昭和53）年2月と5月の2回、盲学校の代表と大学入試センターとの懇談会をもち、話し合いが行われた。ここでは、漢字に関する問題、古文の分かち書き、図やグラフ・表などの表し方や触読に適さないものの処理などについて盲学校から要望が出され、協議された。試験時間については、点字受験者には1.5倍の時間延長が認められたが、弱視者の時間延長は認められなかった。

　なお、この際、大学入試センターと盲学校現場との話し合いは全て、全国高等学校長協会の特殊学校部会を通して行うこととされ、これに対応する盲学校側の組織として、全国盲学校長会大学進学対策特別委員会が作られた。また同委員会の下に、現場の教員からなる専門調査委員会が設けられ、普連協に専門調査委員会の業務が委託された。大学入試センターとの懇談会は、

1979（昭和54）年以後、現在に至るまで、毎年１回開かれ、点字使用者及び弱視者の試験の改善に努めてきている。2001（平成13）年からは、聾学校、肢体不自由・病弱養護学校の代表者も参加するようになり、他の障害分野における入試特別措置についても同時に検討されるようになった。

　弱視者の受験についてもこの懇談会で引き続き話し合われ、1984（昭和59）年より問題冊子の拡大版が用意され、1987（昭和62）年より強度の弱視者には1.3倍の時間延長が認められた。1990（平成２）年より、共通１次試験は「大学入試センター試験」となり、これを契機に、懸案事項であった「２次試験出願前の大学との事前協議」は廃止された。

　今後の課題としては、①2006（平成18）年から導入された英語のリスニング試験における、問題ごとのインターバルやイラストの処理を含めた、視覚障害者への適切な対応、②点字・拡大文字による試験時間と問題量のバランスの最適化、③フォントやレイアウトを工夫した弱視者用の問題冊子の工夫等の検討が考えられる。

４．大学の門戸解放の運動と大学の視覚障害者受け入れ状況調査

　視覚障害者の大学進学への取り組みをリードしてきた筑波大学附属盲学校では、生徒の大学受験に当たって、まず本人の希望を基本とし、その希望に沿って大学との交渉を行う。また、生徒の希望する大学が受験を認めていない場合や、修学上困難が予想されるケースについては、進路指導担当教員が大学を訪問して関係者と協議をする。このようにして、一つ一つ大学の門戸が開かれてきたわけであり、さらに、入学した学生の実績が、大学当局の理解を深めるための何よりも大きな力となってきた。

　前述した、東京大学が化学で点字使用者を受け入れた件については、当時化学担当教員であった鳥山由子と進路指導担当であった青松利明がアメリカ・イギリスを訪問し、ケンブリッジ大学等での前例を詳細に調査して報告書をまとめ、大学側の説得を行った。

　上記のような個別の取り組みに加えて、大学における視覚障害者の受け入

れ状況を調査するため、1988（昭和63）年９月、全国高等学校長協会特殊学校部会理事長と全国盲学校長会長の連名で、文科系学部を有する全国の366大学（国公立94大学、私立272大学）にアンケート用紙を発送し、228大学（国公立77大学、私立151大学）から回答を得た。回収率は62.3％（国公立大学74.5％、私立大学55.5％）であった。

　表４－２はそのまとめである。同じ大学の中でも学部・学科により受け入れ状況は異なるが、一つの学科だけでも受験可能な場合は「可能」としてまとめた。また、受験の可否の比率は回答が得られた大学の中でのものであり、回答を得られなかった大学を含めると「可能」の比率はさらに下がると考えられる。しかし、本アンケートでは拒否回答だった大学の中には、これをきっかけに検討を始めて受け入れ可能に転じた例もある。

表４－２　大学の視覚障害者受験受け入れに関するアンケート調査の結果
（1988年９月）

年度		国公立大学	私立大学	合計
回答数		77	151	228
弱視受験	可能	46	121	167（73.2）
	不明	31	22	53（23.2）
	不可	0	8	8（ 3.5）
点字受験	可能	35	55	90（39.5）
	不明	24	17	41（18.0）
	不可	18	79	97（42.5）

表中のかっこ内の数値は、回答した228大学中の割合を表す。

　この調査以来、既に20年近くが経過しており、現在の受け入れ状況はかなり進んでいる。今後は、視覚障害学生入学後の具体的な支援の質を向上させていくために、盲学校からの発信と現状の調査、当事者からの意見収集等が必要であろう。なお筆者らは、大学入学から学生生活、就職までの支援の参考となるよう、具体的な支援のあり方をまとめた『視覚障害学生サポートガイドブック』（日本医療企画）を2005（平成17）年に発刊している。

5．全国高等学校長協会入試点訳事業部の設立

　1980年代後半頃には、点字による受験者の増加に対応するため、入学試験点訳業務を遂行する専門機関の設置が、盲学校と大学の双方から望まれるようになっていた。また、その専門組織には、少なくとも次のような条件が必要であると考えられていた。

　①正確な点訳ができること

　②秘密が保持できること

　③視覚障害教育の専門性を踏まえた点訳ができること

　④各大学の希望に応じた点訳ができること

　⑤公的なものとして認められる組織であること

　そして、このような条件を満たし、かつ早期に実現可能なものとして、全国高等学校長協会を母体とする入学試験点訳組織構想が生まれた。

　その後1989（平成元）年6月に、全国盲学校長会、及び全国高等学校長協会特殊学校部会において、設立趣意書が認められ、1990（平成2）年10月より準備委員会として暫定的な活動を開始し、1992（平成4）年10月に正式に発足した。

　現在では、大学との正規の契約によって入試点訳を行うほか、大学入試のための模擬試験[2)]、実用英語技能検定試験、大学の定期テスト、統合教育を行っている高校の校内テスト、一般企業の入社試験など、各種の専門点訳の依頼を受け、教育的配慮の行き届いた質の高い専門点訳ができる組織として定評を得ている。

　なお、点字受験に要する費用については、国立大学の場合は文部科学省から、私立大学の場合は私学振興・共済事業団から補助金が出ている。

　入試点訳事業部については、当時の文部省大学入試室も理解を示している。1995（平成7）年3月7日の参議院予算委員会において、文部大臣が視覚障害者の大学への受け入れ体制の整備に関して答弁したが、その中で当事業部の活動にふれ、これに対する理解を表明した。

　しかし当事業部は、組織の経済的基盤がないため、専務理事尾関育三の設

立前からの熱意と、多数の専門点訳ボランティアや筑波大学附属盲学校の各教科担当教員の献身的な協力によって、ようやく運営ができている状態である。したがって、組織体制を確立することが今後の課題である。

6．入学試験における弱視者の特別措置

　弱視者の受験における特別措置は比較的歴史が浅く、その内容はまだ十分に検討・整備されていない。また、個々の弱視者によって見え方も多様なため、特別措置を決定する前に、出身校の担当教員や本人と大学側が十分な打ち合わせをすることが不可欠である。特に、最近の入学試験の傾向として図版やビデオなどの使用が珍しくなくなり、点字使用の受験生だけでなく、弱視の受験生もその影響を受けることがある。

　以下は、大学入試において、弱視者に対する特別措置として近年認められているものの例である。今後、この分野については、コンピュータなど新しい技術の導入を含めた検討が必要であろう。

　①試験問題・解答用紙の拡大

　②ルーペ・拡大読書器の持参使用

　③マークシート方式から文字解答への変更

　④時間延長・別室受験

　⑤座席の指定・照明器具の使用

　⑥写真・漫画等における説明文の付与

　⑦空欄部・下線部・傍線部などを見つけやすくするための工夫

　⑧解答を問題用紙に書き込む方式

1）東京教育大学教育学部附属盲学校（現筑波大学附属盲学校）の普通科教員の呼びかけにより、1969（昭和44）年の全日本盲学校研究大会（全日盲研）において正式に発足した。普連協結成の目的は、盲学校高等部の学習指導要領を「実業高校」ではなく「普通高校」に準ずるものと位置付けるよう、文部省に要求することであった。

　　現在は、盲学校高等部で利用される各教科の点字教科書の墨字原本選定、視覚障害者の大学進学に関わる環境整備、全国の盲学校を対象とした各種調査（各学校の教育支援の実態、軽度重複障害生徒の実態、重複障害生徒の進路状況等）などを行っている。

2）ベネッセ・コーポレーションが実施している全国模試(進研模試)において、1992（平成4）年より点字の対応が行われており、多くの視覚障害受験生がこの模擬試験を利用している(申し込みについては、点字による受験の場合も一般同様、学校単位となる)。また、2006（平成18）年からは、弱視の受験生のために問題冊子の拡大コピーのサービスも行われている。

（鳥山　由子・青松　利明・青柳まゆみ）

筑波大学における障害学生支援の取り組み－共生の時代を担う人材の育成を目指して－

1．はじめに

　筑波大学は、1973（昭和48）年、東京教育大学の移転を契機に、新構想大学として発足した。現在の学生数は、学群（学部に相当）学生約9,000人、大学院学生約5,000人、合計14,000人である。

　表4－3は、平成13～18年度における身体障害学生の在籍状況を障害種別ごとにまとめたものである。このうち学群生は、医学専門学群、体育専門学群を含むすべての学群に分布している。また、大学院の修士課程及び博士課程に在籍する障害学生の数が非常に多く、開学以来30年間に、重度の障害学生8名が博士の学位を取得している。

　筑波大学では、創立以来、試行錯誤的に障害学生支援の取り組みを行ってきたが、そのさらなる充実のために、2001（平成13）年度より「障害学生支援委員会」が設置され、現在はこの委員会を中心とした全学的な支援を進めている。

表4－3　身体障害学生の障害別在籍数の推移　　　　　（単位：人）

		H13	H14	H15	H16	H17	H18
視覚障害	学部	0	0	1	2	3	2
	大学院	4	4	4	7	10	12
	小計	4	4	5	9	13	14
聴覚障害	学部	2	3	3	9	9	11
	大学院	8	6	3	3[*]	7[*]	7[*]
	小計	10	9	6	12	16	18
運動障害	学部	6	7	8	7	6	6
	大学院	6	5	3	3	4	4
	小計	12	12	11	10	10	10
合計		26	25	22	31	39	42

＊視覚・聴覚の二重障害を有する学生1名を含む。

　以下では、筑波大学が目指す障害学生支援の考え方、実際の支援内容、および今後の課題について述べることとする。なお、具体的な事例としては、主に視覚障害学生に対する支援の内容を取り上げる。

2．障害学生支援委員会

⑴　障害学生支援委員会設置の経緯と位置づけ

　全学の障害学生のニーズを把握し、平等に行きわたる支援を組織的に推進するために、2001（平成13）年度より学長の下に障害学生支援委員会及び障害学生支援専門委員会を設置した。これにより、これまで心身障害学に関わる教員等によって個別的に行われていた相談・助言活動が、全学的体制で実施できるようになった。

　障害学生支援委員会は、教育担当副学長、学生生活担当副学長、教育審議会からの選出委員、学生生活審議会からの選出委員、施設委員会からの選出委員、及び学長指名委員から構成されており、副学長が委員長・副委員長を務めている。

　当委員会の主な審議事項は、①障害学生の支援のための基本事項に関すること、②障害学生の教育および学生生活に関わる指導、助言及び啓発に関すること、③障害学生に関わる施設・設備に関すること、④その他、障害学生の支援に関する必要事項である。

⑵　障害学生支援専門委員会

　障害学生支援委員会の審議に基づいて、専門的事項の処理にあたる下位組織として、障害学生支援専門委員会を置いている。

　障害学生支援専門委員会は、心身障害学系の教員数名と保健管理センターの医師からなる作業委員会であり、毎年の重点課題の推進、各教育組織への助言・相談、一般学生の啓発授業、学習支援者の養成講座、その他の支援活動を行っている。

　なお筑波大学では、個々の障害学生に対する具体的な支援に関しては、基本的には障害学生が所属する教育組織が責任をもって支援体制を整備することになっている。そして障害学生支援委員会（同専門委員会）は、各教育組

織に対して整備の必要性や整備方法等を助言し、または相談を受ける立場として、これに関わっている。

3. 障害学生に対する入学前の対応

　前述の通り、障害学生に対する学習支援は、当該学生が所属する教育組織が責任をもって進めることとなっている。そこで障害学生が入学する際には、その前に、教育組織（学群・学類、大学院・研究科）の長の招集により、入学前説明会を実施している。この説明会では、大学が提供する各種支援内容の説明、個々の障害学生のニーズの把握、具体的な配慮事項の検討などが行われる。

　障害学生支援委員会は、障害学生が入学するすべての教育組織で必ずこの説明会が開かれるように、教育組織に対して説明会の情報を提供している。また、すべての障害学生に対して大学の支援体制に関する内容を平等に伝えるため、説明会は障害学生支援専門委員会が作成した全学共通のマニュアルに沿って進められる。

　この説明会には、障害学生（希望により保護者）、クラス担任、体育センター・外国語センター等のスタッフ、担当事務などが出席する。また、専門的見地からの助言を行うために、障害学生支援専門委員が必ず同席している。これにより、入学後の支援に関して、各教育組織と支援専門委員との連携が促進される。

4. 学習補助者制度

(1)　学習補助者制度とは

　筑波大学では開学当初から、クラスやサークルの友人たちのボランティア活動による学習支援が活発に行われてきた。しかし、ボランティアだけでは限界があることから、留学生のためのチューター制度を参考にして、障害学生の学習補助者制度を発足させた。

　この制度は、学群及び大学院に在籍する障害学生のうち、学習支援の必要性が認められた学生に対して、学習補助者（チューター）を配置するものであり、登録された学習補助者には、規定に基づき大学から謝金を支給してい

る。

　試験前や論文締め切り前などの忙しい時期でも遠慮なく支援を依頼できること、契約に基づいて質の高い支援が提供されること、また障害学生自身が、いつ、誰に学習補助を依頼するのかを自由に決められることなどの利点があり、障害学生に大変支持されている制度である。

⑵　学習補助活動の内容

　学習補助者は、一般の学生を対象に広く募集しており、毎年多くの学生が積極的にこの活動に参加している。

　学習補助者は、授業の準備、受講時の講義保障、レポート作成、実験・実習、学内移動、研究活動等の補助を行う。例えば、視覚障害学生に対する学習補助の内容としては以下のようなものがある。

　○印刷物のテキストデータ化（パソコン点訳）[1]

　○対面朗読

　○レポート、プレゼンテーション資料などの作成補助

　○書類の代筆

　○文献の検索・入手補助

　○履修管理の補助

　○授業中の補助

⑶　学習補助者講習会

　現在、全学で約80名の学習補助者が活躍しているが、障害学生のニーズに応えるためにはさらに多くの支援者が必要である。また学生は入れ替わるため、高度な専門技術を持った人材を継続的に確保するためには、毎年新しい学習補助者を輩出しなければならない。そこで障害学生支援委員会は、学習補助者の養成及びスキルアップのための講習会を実施している。

　表4−4は、2005（平成17）年度より始まった視覚障害学生の学習補助者講習会について、その具体的な内容を示したものである。講習会が実施される以前は、個々の障害学生が自分の支援者を探さなければならず、また支援技術の伝達についても、上級の障害学生と学習補助者が任意で行っていた。

表 4 － 4　　視覚障害学生学習補助者講習会の内容

実施時期		対　　象	内　　容
2005（平成17）年度	5 月	未経験者	○学習補助者制度とは ○視覚障害者と接する際の留意事項 ○視覚障害支援室利用上の留意事項 ○パソコン点訳（テキストデータ化）の概要（実習）
	7 月	初級者	○OCRソフトの使い方のフォローアップ（実習）
	11 月	初級者・中級者	○情報検索の補助（実習） ○図表の点訳・口頭説明（実習）
	2 月	登録補助者全員	○他大学の支援活動を学ぶ（学外の視覚障害学生 2 名及び学習補助者1名による講演・質疑） ○ 1 年間の反省・課題の整理（フリーディスカッション形式）
2006（平成18）年度	5 月	未経験者	○学習補助者制度とは ○視覚障害者と接する際の留意事項 ○視覚障害支援室利用上の留意事項 ○パソコン点訳（テキストデータ化）の概要（実習）
	9 月	未経験者（追加募集）	同上
	11 月	初級者・中級者	○拡大資料の作成（実習） ○図表の点訳・口頭説明（実習）
	1 月	初級者・中級者	○ワープロソフト・表計算ソフトの効率的な使い方（実習） ○OCRソフトの効率的な使い方（実習）
	3 月	登録補助者全員	○障害学生支援のコーディネートについて考える（他大学でコーディネート業務に従事している専門職員による講演・質疑） ○ 1 年間の反省・課題の整理（フリーディスカッション形式）

講習会の実現により、障害学生が入学当初からスムーズに支援を依頼できる環境が整いつつあると言える。

　なお、学習補助活動に必要な知識と技術は、障害学生のニーズによって、また機器類やソフトウェア等の更新によっても変動する。したがって、その時々の状況に応じた効果的な講習プログラムの計画と実施が求められる。

⑷　学習補助活動のコーディネート

　学習補助の内容は多岐にわたるが、当然補助者には得手・不得手がある。したがって効率的な支援活動を行うためには、技術の講習のみならず適切な作業の割り振りが必要となる。

　また、手話通訳やパソコン通訳などは作業負荷が高く、15分程度で交代する必要があるため、常に2人以上のチームで活動する。そのチームを聴覚障害学生のニーズに応じて割り振っていくコーディネート作業が非常に重要となる。

　さらに、学習補助者が無理のない有意義な支援活動を進めるためには、日常的に支援活動の全体を見守り、学生の悩みやトラブルに適切に対処できるコーディネーターの存在が求められている。

　これまではこのようなコーディネート作業もすべて、上級の障害学生あるいは支援学生が行ってきたが、それは精神的・時間的な負担が大きい。障害学生支援委員会では、コーディネート業務に従事する専門職員の配置の必要性を認識し、その実現に向けて組織改革を進めている。

5．障害学生教育・研究支援室

　1990年頃からパソコン点訳が普及し始めたことを背景に、視覚障害学生のためのパソコンや点訳機材を整備した支援室が作られた。その後、聴覚障害学生のための支援室も作られ、現在両者は、障害学生の教育と研究を支援するための拠点となっている。

　視覚障害教育・研究支援室には、音声出力や画面拡大のためのソフトを搭載した視覚障害者用のパソコン、点字プリンタ、スキャナ、立体コピー機、拡大読書器、通常のコピー機（拡大複写用）等の機材が整備されている。視覚障害学生の自習の場として、また学習補助者による支援の場として活用されている。

　一方、聴覚障害教育・研究支援室は、主に講義保障の機材等の保管、コーディネート活動の場として利用されている。

　このほか、障害学生と支援学生の話し合いや交流、学生の自主的な技術講習の場としても、障害学生支援室が活用されている。

6．一般学生の啓発授業

　障害学生に対する支援を充実させるためには、周囲の一般学生の協力が不可欠である。そこで、障害学生支援専門委員会の協力により、2002（平成14）年度より全学対象授業「障害者支援ボランティア論」を開設した。毎年130〜150名の受講者があり、全学授業評価アンケートによる学生の評価は高い。

　本授業の目的は、障害に関する理解を深め、障害者に対する適切な支援技術を習得することである。授業は10コマ完結型で、各障害の専門教員が交代で担当し、障害学生・支援学生にも授業に参加してもらいながら、障害者支援について具体的な理解を図っている。

　しかし、全学の学生、特に1、2年生の学生に多く受講してもらうことが本来の趣旨であったにもかかわらず、実際の受講者の内訳をみると、3、4年生が多く、また所属学類にも偏りがみられた。その理由としては、①全学に開かれているとはいえ、人間学類開設の「自由科目」であったため、1、2年次の受講は時間割の都合上難しかったこと、②校舎が広範囲に点在して

いるため、医学・体育・図書館情報学群等の所属学生にとっては講義室が遠すぎたことなどが考えられた。

そこで2006（平成18）年度からはこの科目を、選択必修の総合科目（一般教養科目）に移行し、「共生キャンパスとボランティア」という科目名で新たに開設することとした。1学期間の授業を年に3回繰り返して開講し、そのうちの1回は教室を別の校舎に移して受講生の便宜を図る予定である。

このほかにも、2004（平成16）年度からは、心身障害学の基礎を学ぶ総合科目「障害の理解」も開設し、130名の受講者がある。さらに深く学びたい学生のためには、人間学類（平成19年度より障害科学類）が開設している心身障害学の専門科目のほとんどが、他学類の学生にも開かれている。

7．障害学生支援に関するその他の取り組み

以上で述べた支援のほかにも、様々な取り組みを行っている。例えば以下のようなものがある。

(1) 試験の特別措置

定期試験、年度当初のプレイスメントテスト、英語・ドイツ語検定試験[2]等においては、個々のニーズに基づいた特別措置を適用している。

具体的には、点字・拡大文字による試験、時間延長、パソコンを用いた解答、試験内容の振り替え等を適宜認めている。

(2) 学生宿舎への優先入居

障害学生のうち、障害学生支援専門委員会と担当事務局との協議により必要性が認められた者については、学生宿舎が優先的に割り当てられる。車椅子で生活できるバリアフリー室が複数作られているほか、トイレやシャワー、キッチンを備えた留学生・家族用居室などを、障害のニーズに応じて適宜利用している。

(3) 施設・設備の改善

筑波大学の校舎は開学以来30年を経ており、そのほとんどがバリアフリーにはほど遠い建築である。そのため、キャンパス・リニューアル計画におけるユニバーサルデザインを将来の目標にしながら、現状では、障害学生のニー

ズをこまめに点検し、可能な限りの改修によって、学生の日常の動線のバリアフリー化に努めている。

　具体的には、野外では点字ブロックや池の周囲の柵、スロープの敷設、屋内ではエレベーターや車いす用リフト、多目的トイレの設置などを段階的に実施している。

⑷　点字ブロック上の駐輪禁止キャンペーン

　筑波大学はキャンパスが広く、ほとんどの学生が自転車を利用しているため、休み時間の自転車による移動の混雑や、駐輪場以外の駐輪が問題となっている。

　点字ブロック上の駐輪もその例外ではない。これについては、広報誌やポスター、授業の前後のアナウンス等によって注意を呼びかけたり、関心のある学生たちが自主的なキャンペーン活動を行ったりと、試行錯誤的な取り組みを続けてきた。しかし、一般学生の点字ブロックに関する知識は予想以上に乏しく、また、年ごと・学期ごとに学生が入れ替わることもあり、より重点的な対策が求められていた。

　そこで2006（平成18）年度より、全学的な交通安全の取り組みの中で障害学生支援委員会との連携が図られ、点字ブロック駐輪禁止に関する一斉キャンペーンが行われている。これは、まだ試行段階であり、方法や実施時期などについてはさらなる検討が必要であるが、今後大きな効果が期待される。

⑸　図書館における障害者サービス

　筑波大学の中央図書館では、利用者サービスの充実を図るために図書館独自のボランティアを育てている。障害のある利用者に対しては、対面朗読、文献検索・コピー等の補助、館内の移動介助などのサービスが提供されている。

　障害のある学生が、出かけた先々でその場所の状況に詳しい人から支援を受けられるというのは、最も理想的な環境である。したがって、図書館のことに詳しいボランティアがこのような支援を行うというサービスは、非常に有意義なものであると言える。

8．障害者特別選抜

　筑波大学では、2007（平成19）年度の学群・学類の改組により、人間学類の一部であった「心身障害学主専攻」が、「障害科学類」として新たに出発する。これを契機に障害科学類では、初年度（平成19年度）の入試より、推薦入試の一環として障害者特別選抜を実施することとなった。

　その目的は、①大学での学修に特別な支援を必要とする重度の障害学生を積極的に受け入れ、障害者の社会参加の推進、並びに障害当事者のリーダーの育成に貢献すること、②学生本人の協力を得て大学での障害学生支援の在り方を長期的・実践的に研究し、そのノウハウを学外へも広く発信していくこと、③障害附属学校と大学による高大連携プロジェクトの一環として、7カ年の一貫教育プログラムを作成することである。また、一般学生・障害学生双方の「共生」の意識が高まることも大いに期待されている。

　なお平成19年度の特別選抜では、視覚障害学生1名と聴覚障害学生2名が合格している。

9．全国の大学への発信

　全国の多くの大学に障害学生が入学している状況を反映して、筑波大学の障害学生支援の取り組みに対しても、学会・研究会等での発表依頼や、他大学からの参観が増えている。

　また、日本学生支援機構が2006（平成18）年10月に開始した「障害学生修学支援ネットワーク」の相談事業において、筑波大学は「拠点校」に指定され、障害学生受け入れに関する相談への対応が求められている。既にいくつかの事例について相談を受けており、例えば視覚障害学生の支援に関する相談では、視覚障害学に詳しい障害学生支援専門委員が、視覚障害のある大学院生と附属盲学校の進路指導担当者の意見を参考にしながら、専門性に基づいた助言を行っている。

　このような状況を踏まえ、筑波大学は、障害学生支援に関わる一層の実践的な研究を重ね、その成果を学外へ発信していかなければならない。そのためには、まず、よりよい支援を提供するためのコーディネーターや研究スタッ

フを配置した学内組織の確立が求められる。さらには、障害学生の支援に関して多くのノウハウを蓄積している附属盲学校・聾学校等との連携も重要である。常に学内外双方向の情報交換が行われる体制を整備し、日本全国のみならず、アジア諸国に対しても情報を発信していくことが、国立大学としての使命であると考えている。

10. おわりに

　以上、筑波大学における障害学生支援の取り組みについて述べてきた。その特徴は、主に以下の3点に集約することができるであろう。

①全学的な取り組みであること：

　全学共通の方針に基づき、各教育組織が障害学生支援の責任を持つ。このことにより、教育内容に関する支援の専門性が保障されている。

②障害の専門性に基づいた支援体制であること：

　筑波大学には、障害学に関する国内最大規模の研究者集団である心身障害学系があり、障害学生支援専門委員会を支えている。

　なお、障害学生支援の対象は現在は身体障害者に限られているが、今後は、学習障害（LD）、注意欠陥・多動性障害（ADHD）、高機能自閉症等の発達障害を有する学生の支援も課題に上がることが予想される。そのような、我が国において支援の実績の少ない障害種別についても、筑波大学は研究的に対応できる基盤を持っている。実際、保健管理センターと心身障害学系との連携により、既に発達障害のある学生の支援に研究的に取り組み始めている。

③学生の成長を期待した教育的な支援体制であること：

　開学以来、障害学生の周りには多くの支援学生が存在していた。それは、現在も変わりがなく、障害学生を支援する具体的な取り組みの中心には、障害学生本人を含む学生たちがいる。このことには、障害学生と一般の学生が共に学ぶ事を通して、共生の時代を担う社会人を育成するという積極的な意義があると考えている。

　このような学生どうしの関わり合いを円滑に進めるために、大学は、障害学生教育・研究支援室をはじめとした学習環境の整備、一般学生啓発のため

の授業の開設、学習補助者養成のための支援技術講習会の開催、学習支援者に対する経済的な支援などに力を入れているのである。

1）筑波大学における視覚障害学生の学習補助活動としては、この作業が最も多い。これは、スキャナを使って印刷物の情報を「絵」のデータとしてパソコンに取り込み、次にOCRソフトを使って「絵」のデータを「文字」のデータに変換し、さらに、元の印刷物とデータを見比べながらOCRソフトの誤認識やレイアウトの崩れを一つずつ校正していくという一連の作業である。
2）筑波大学が独自に実施している試験で、これに合格することが単位取得のための必須条件となっている。

（鳥山　由子・青柳まゆみ・青松　利明）

第Ｖ章　視覚障害教育の専門性を生かした生涯学習

 学び合い、分かち合うネイチュア・フィーリング自然観察会

ⅰ　ネイチュア・フィーリング自然観察会とは

1．日本自然保護協会編『ネイチュア・フィーリング』の出版

　1988（昭和63）年10月、日本自然保護協会（NACS-J）は、フィールドガイドシリーズ④として『ネイチュア・フィーリング―からだの不自由な人たちとの自然観察―』を出版した。

　本書を世に出した時、日本自然保護協会は、まだ、からだの不自由な人たちとの自然観察会の経験をもっていなかった。しかし、そのころ、全国各地で根付いてきた自然観察会活動の中で、からだの不自由な人たちを仲間に入れた観察会をしたいと考える自然観察指導員もあり、そのための手引き書をまとめてほしいという声が協会に寄せられるようになっていた。

　一方、当時、日本自然保護協会の自然観察指導員養成事業の中核にいた青柳昌宏氏は、筆者と共に筑波大学附属盲学校において目の不自由な生徒たちとの自然観察会を実施しており、生徒たちの個性的な自然の感じ方に感銘を受け、からだの不自由な人たちと共に行う自然観察会は、全ての人々にとってさらに豊かな自然の見方を促すものであろうという気持ちをもっていた。

　この二つの要因によって、日本自然保護協会は本書を編集することになった。『ネイチュア・フィーリング』という書名は青柳氏の提案によるものであり、その後、活動の名称として定着した。編集委員には、青柳氏と筆者のほかに、身体の不自由な人の教育に携わってきた飯野順子氏が加わり、自然保護協会からは普及部長、横山隆一氏が参加した。また、飯田美枝子氏と三

宅良氏には、耳の不自由な人たちへの教育に携わってきた経験からご協力を頂いた。

２．ネイチュア・フィーリング研修会

　日本自然保護協会では、「いつでも、どこでも、誰とでも」自然観察会をもつことを目指して、自然観察指導員の養成を行ってきた。『ネイチュア・フィーリング』が出版された翌年の1989（平成元）年から、そのフォローアップ研修の一つとして、「ネイチュア・フィーリング研修会」が実施されるようになった。

　初めのうちは試行錯誤だった研修会の内容も回を重ねるごとに充実し、また、目の不自由な立場や耳の不自由な立場を理解してもらうために、講師として当事者スタッフが加わった。

　からだの不自由な人たちと共に自然を観察したいという人々が全国各地に存在すること、また、研修会を各地の自然観察指導員連絡会あるいは自治体が積極的に運営していること、そして研修会を地元で実施した地域で、グループ全体としての力量を高めた自然観察指導員が、ネイチュア・フィーリングの実践に踏み出していることなどは、主催者にとっても励まされることである。

３．「ネイチュア・フィーリング」の意味すること

　ネイチュア・フィーリング、すなわち自然を感じるということは自然観察の原点であるから、全ての自然観察会がネイチュア・フィーリングだということもできる。その中で、なぜ、からだの不自由な人との自然観察会を特にネイチュア・フィーリングと呼ぶのか。これは、ネイチュア・フィーリングに実際に参加してみればよく分かることである。

　いろいろな個性が集まって、じっくりゆっくり自然を見るネイチュア・フィーリングでは、他の自然観察会ではなかなか得られない、ユニークな感じ方に出会うことが本当に多い。普段はほとんど使っていない感覚を開くことで、新しい自然のメッセージに気づくことができる。互いの感じ方に感動し、触発されてじっくり自然を見るうちに、いつのまにか時間がたってしまってい

る。これがこの観察会の特徴、すなわち、ネイチュア・フィーリングという名前の由来なのである。

4．「for」から「with」へ

ネイチュア・フィーリング自然観察会のフィールドや方法は様々である。交通が便利な都会でのやり方と、不便な場所でのやり方は、自ずから違ってくる。近所の公園で散歩をする場合もあれば、学校や施設の野外活動の一環として行う場合もある。

しかし、考え方には共通点がある。それは、ネイチュア・フィーリングが、からだの不自由な人の「ための（for）」自然観察会ではなく、からだの不自由な人と「共に（with）」自然を感じ合う観察会だということである。

「じっくりと、丁寧に、自分の感覚を研ぎすまして自然と向き合うこと」、それが自然観察会の基本である。からだの不自由な人と共に自然を観察することは、自然観察の原点ではないかと筆者は考えている。

5．ネイチュア・フィーリングのための準備

ネイチュア・フィーリングを行う場合、その準備や運営は、一般の自然観察会とそう変わるものではない。ただし、特にきめ細かな対応が必要なことがある。

まず、初めに、自然観察会の参加を呼びかける時の配慮について考えてみたい。

日本自然保護協会では、「いつでも、どこでも、誰とでも」という合い言葉で自然観察会を進めている。したがって、自然観察会は、からだの不自由な人を含めて全ての人に開かれているものであり、あえてそのことを強調する必要はないという考え方もある。しかし残念ながら、それでは不十分なのが実態である。なぜなら、現在の日本の社会では、「誰もが参加できる」はずのいろいろな活動に、からだが不自由であるという理由だけで断られたり、参加できたとしても十分に楽しめなかったりすることが少なくないためである。断られた経験がある人は、「誰でも」という言葉に自分を含めていいのかどうか迷うことがある。そうなると、誘われなければ自分から参加しよう

とは考えないため、こちらから積極的に声をかけ、自分の参加が歓迎されることを知ってもらうことが特に大切なのである。

　さらに、からだの不自由な人が一人で出かけ、一人で自然を見ることが難しい現実を理解し、その不便さを取り除くための具体的な手立ても必要となる。次項では、目の不自由な人との自然観察会において配慮すべき事柄について具体的に示す。

（鳥山　由子）

ⅱ　目の不自由な人との観察会のために
視覚障害とは
１．一人ひとり見え方が違う

　一般的に、目が不自由な人(視覚障害者)を、その視力によって盲と弱視に分ける。しかし、盲と弱視を明確に区別することは難しく、また、弱視者といわゆる「晴眼者」の間にも明確な境界があるわけではない。

　弱視者の見え方は様々である。例えば、細かい文字などはよく見えないが一人歩きは支障なくできる人もいれば、逆に比較的細かい文字が読めても、視野が極端に狭いために足もとが見えず、山道などでは歩行の介助が必要な人もいる。また、明るい場所では一人で歩けるが暗い場所では難しい人もいれば、その逆の人もいる。明るい場所が苦手な人は、屋外ではサングラスを掛けていることが多いが、特にまぶしい所では一層の注意が必要である。

　自然観察会に目の不自由な人が参加する場合、あらかじめ連絡を取ることができれば、歩行の介助が必要かどうか、印刷物は点字のものが必要か、拡大文字がよいか、一般の参加者と同じものでよいか、また、主催者として特に配慮すべきことがあるかどうかなど、具体的なことを尋ねておくとよい。しかし、障害がいつごろ発生したかなどといったことは、質問する必要はないし、質問するべきでない。

２．目の不自由な人にはこんな不便さがある

　目の見える人が圧倒的に多数を占め、目が見えることを前提として動いている社会では、目の不自由な人には、様々な不便さがある。その代表的なものは、次の５点である。

　①普通の文字が読めないことによるコミュニケーションの不便。

　②一人で自由に歩き回ることの難しさと危険。

　③料理をしたり、裁縫をしたりといった日常生活上の作業の不便。

　④行動範囲が狭くなりがちなことや、情報入手が困難なことなどにより生じる経験の不足。

　⑤就職の難しさ、また、中途失明の場合はそれまでの職業を失う不安。

３．いろいろな個性の人がいる

　目の不自由な人に特有の心理といったものはない。目が不自由な人にもいろいろな個性の人がいる。外向的な人、内向的な人、楽観的な人、悲観的な人など、人それぞれである。慎重な人もいれば軽はずみな人もいる。

　ただし、目が不自由で周囲の状況が分からないために、納得いくまで説明を求めたりする傾向の強い人もいる。また、常に自分自身の安全を守ることが必要な立場に置かれているため、危険な状況、例えば電車に乗る時に白杖を持った手を突然他人に掴まれたりすると、その手を振り払うという行動を取ることもある。これは、親切心から目の不自由な人に手を貸そうとした人にとっては不愉快な態度であり、「目の見えない人は身勝手だ」などと感じるかもしれない。しかし、白杖で電車とホームの間を慎重に探りながら電車に乗ろうとしている人にとっては、その手を掴まれるということは危険この上ないことであり、手を振り払わざるをえない状況なのである。

４．特別に「勘」がよいわけではない

　目の不自由な人が普通の速さで歩いていて、ある程度以上の高さの壁にぶつかってしまうというようなことはほとんどない。障害物があることが空気の流れや音の反響などで分かるといわれている。同じように、空気の流れで曲がり角や路地の入口を見つけたりすることもある。

　人の足音で何人くらいの人がくるかを判断したり、知っている人であれば、その人の声や足音で誰であるかが分かることもある。

　野外でも、空気の流れや音の聞こえ方などでどんな場所かがある程度分かる。このようなことから、目の不自由な人は特に勘がよいのではないかと思われがちであるが、そのようなことはない。視覚以外の感覚を使う努力と訓練を意識的にあるいは無意識的に積んだ結果なのである。

　ところで、目の不自由な人は、歩行の技術も、点字を読む速さも人によって違う。だから、以前に会った目の不自由な人はこのくらいできたから、誰でもそのくらいはできるだろうと決めてはいけない。一般的にいって、ある年齢以上になってから失明した人は、こうした技術の習得が困難であることが多く、十分マスターできない人もいる。

５．予測のつくこと、つかないこと

　目の不自由な人も、自分の家や職場などで階段の上り下りに不便を感じることはない。慣れた場所だし、たいてい階段が規則的で、分かりやすいからである。

　また、通い慣れた道であれば、溝に落ちるようなことはない。障害物や危険な場所がどこにあるかなど、よく状況把握ができているからである。

　しかし、不慣れな所、予測のつかない所ではそうはいかない。特に段差や段の幅などが不規則な山道の階段は、最も歩きにくい場所の一つである。また、マンホールの蓋がその日だけあいているといったように予測のつかない場合は、非常に危険である。いつもと違う状況の時は、目の不自由な人には事前に必ず知らせるようにしてほしい。

６．風景や色は教えてほしい

　目の不自由な人に、風景の話や咲いている花の色などの話をするのは失礼だと考える人が多い。しかし、むしろ逆である。目の不自由な人には、その場所の様子や風景を、遠慮せずにできるだけ具体的に説明してほしい。その説明と自分で感じたものとを合わせて初めて、目の不自由な人もその場の光景を理解し、楽しむことができる。

　説明が不十分だったり、質問に対する答えに具体性がなかったりすると、目の不自由な人はイメージを十分に描くことができず、理解が不十分になり印象が薄くなってしまう。一般の人でも、見るだけでは印象が薄く、適切な説明があってこそ、より一層印象深く「みえてくる」ものである。特に目の不自由な人には、距離感、空間構成を具体的に説明する必要がある。

　なお、目の不自由な人と話をする時、「見る」「見える」などの言葉をあえて避ける必要はない。目の不自由な人自身も、「テレビをみる」などの表現を日常的に使っている。

目の不自由な人を手助けする時

1．目の不自由さを補うための介助

　目の不自由な人は、基本的に「見えないことを補う」ための介助だけを必要としている。

　例えば、イスに腰掛ける場合は、イスの背などに軽く触らせてあげれば、自分でイスを引いて座ることができる。抱えこむようにして座らせる必要はない。山道で倒木などが道を塞いでいる場合も、倒木に触って確かめれば、自分でその下をくぐりぬけたり、乗り越えたりすることができる。食事の時もメニューを読んだり、並んでいる料理の器の縁に軽く触らせて、どこに何があるかを知らせることは必要だが、食事そのものを介助する必要はない。

2．その場の状況を言葉で伝える

　目の不自由な人が部屋に入ってきた時には、その部屋に誰がいるのかを説明する。また、途中で人が入れ替わる場合には、「ちょっと席をはずします」「今○○さんが来ましたよ」のように、一言声をかけて状況の変化を伝える配慮が必要である。

　屋内、屋外を問わず、初めての場所で、その場所の様子をよく知っておく必要がある時は、口で説明するだけでなく、一緒に一回りして確かめておくと分かりやすい。

3．本人に話しかける

　目の不自由な人は、会話に不自由はないが、会話のきっかけをつかみにくいので、できるだけこちらから積極的に話しかけてほしい。

　話しかける時は、目の見える人に話す時と同じように、相手の顔を見ながら普通に話す。相手が腰掛けていたり、しゃがんで観察をしている時は、こちらも腰をかがめたり、一緒にしゃがみこんで、相手の顔の高さで話しかける。何人かの人がいる時に、特定の人に話しかける時には、「鈴木さん、お疲れではありませんか」などと名前をいうと、自分に話しかけられていることが分かる。また、誰から話しかけられたか分かるように「鈴木さん、こんにちは、山田です」といったように自分の名も名乗ってほしい。

　目の不自由な人がガイドと一緒の時も、本人に直接話しかけてほしい。本人に話すべきことを、ガイドしている人に話しかけると、無視されているように感じることもある。名刺や普通の文字の印刷物などを渡す時も、ガイドする人に渡すのではなく、本人に声をかけながらさし出すようにする。観察会の資料などで、点字の資料が用意できなかった場合でも、目の不自由な人に対しても通常の資料を渡し、内容を説明する。ガイドする人と一緒の時は、本人とガイドの両方に資料を渡した方がよい。

4．移動の介助

(1)　まずは声をかける

　移動の介助をする時は、いきなり目の不自由な人の手を取るのではなく、「ご案内しましょうか？」とか「では一緒に行きましょう」などと声をかける。

(2)　移動介助の基本姿勢

　図5−1のように、介助者は、目の不自由な人の斜め半歩前に立ち、自分の肘の少し上あたりを軽く掴んでもらう。介助者の方が背が低い場合には、肩に手を置いてもらう。

　介助者が、目の不自由な人の左右どちら側に立つかについては、その都度本人に希望を尋ねる。利き手で白杖を持ち、もう一方の手で介助者の腕か肩

を軽く掴んで歩くのが一般的であるが、状況によっても、また人によってもニーズは異なる。山道や車が通る道の片側を歩く時などは、目の不自由な人が安全な側に来るようにするとよい。また、歩く速さも人によって違うので、相手の意向を聞いて合わせるようにする。

介助者は、肩や肘の力を抜き、腕は自然に下へ伸ばして歩く。このような姿勢をとることで、目の不自由な人は、介助者の身体の動きを手で感じて歩く方向などを確認することができ、また、介助者の半歩後ろにいることで安心して歩くことができる。

図5−1　移動介助の基本姿勢

目の不自由な人の肩や背中を後ろから押したり、腕や白杖を引っ張ったりする方法は、目の不自由な人にとっては非常に不安で歩きにくいため、絶対に避けなければならない。

(3)　2人分の前方を注意して歩く

目の不自由な人が扉や看板などにぶつからないようにするために、介助者は常に2人分の道幅を確保しながら歩く必要がある。

道幅が狭い場所では、介助者が相手の掴んでいる腕を背後へ回し、前後一列になって歩くとよい。踏み固めた部分が1人分の幅しかない狭い山道を歩く時も、前後になって歩く方がよい。また、カニのように、それぞれが横向きになって歩いた方が安全な時もある。歩き方を変える時は「道が狭くなります」「横になって歩きます」などと声をかける。

(4)　階段や溝の注意

階段や溝の手前に来たら、速度を緩めて（または立ち止まって）「上り（下り）階段です」「幅30センチくらいの溝があります」などのように状況を

言葉で伝える。

　階段は、まず介助者が一段目を上り（下り）、常に介助者が一段先を歩く。したがって、階段の終わりを合図する際には、目の不自由な人が自分より一段後ろにいることに注意する必要がある。

　階段は、真っ直ぐに上り下りする。斜めに横切るような歩き方では、目の不自由な人が足を踏みはずしてしまう危険性があるためである。

　規則的な階段は始めと終わりに注意すればよいが、山道によくある不規則な階段では、一段一段足元を確認しながらゆっくり上り下りする。

⑸　電車の乗り降り

　電車の乗降で最も危険な所は、電車とホームとの隙間で、ここに目の不自由な人が落ちないように注意する。

　介助者が目の不自由な人の手を電車の入り口の端（降りる時には手すり）に誘導し、そこにつかまりながら乗り降りしてもらう。移動に慣れている人の場合には、基本姿勢で介助者の腕に掴まったまま、もう一方の手にもった白杖でホームと電車の隙間を確認しながら乗り降りする。

　いずれの場合も、介助者は相手の足元から目を離さないようにする。「隙間が広く空いています」「段差、20センチくらい」などと声をかけるのが安全である。

⑹　トイレへの誘導

　トイレへは、基本的に同性の人が誘導する。個室のドアを開け、便器の向き、ペーパーと水洗ハンドルの位置などを説明する。

　異性の場合は、トイレの入口まで誘導し、中の様子を説明するか、あるいは同性の人に交代する。

⑺　疲れている時

　自然観察会や軽いハイキングで、目の不自由な人の参加が体力的に問題となることはまずない。しかし、疲れている時に坂道を上る場合などは、どこまで上るか見当がつかないとよけいに疲れを感じるものである。そういう時は「あと30メートルくらいで登りきる」とか、「あと10分で休憩」というよ

うに目標をはっきり伝えるとよい。

(8) 場所を確認してから別れる

　目の不自由な人と別れる時は、その人が分かる場所に行き、周りの様子を説明し、相手の向いている方向を教え、「よろしいですか」と確認する。そして、相手が正しい方向に立ち去っていくのを確かめてからその場を離れる。自分のいる場所がどこなのか分からないまま、ガイドしていた人が立ち去ってしまうことは、目の不自由な人にとって最も困ることの一つである。

(9) 盲導犬を連れている時

　盲導犬の扱いはすべて飼い主にまかせ、盲導犬の気を散らすようなことは避ける。盲導犬をかわいがったり、食べものを与えたりしてはいけない。このことは、観察会の始めの挨拶の時に参加者全員に注意しておく。

より良い観察のために

１．静かな雰囲気

　目の見える人が高原へ出かけた時には、「いい景色だなあ」という言葉が最初にでるのが普通だろう。しかし、目の不自由な人の場合は「いい空気だなあ」「鳥が鳴いている」「静かですね」などの表現が多い。目の不自由な人は、空気の匂い、湿り気、温かさや冷たさ、風の様子、聞こえてくる音の種類や遠近、音の反響の仕方、陽の当たり方などを総合して、その場の様子を判断しているのである。

　自然観察会では、じっと立ち止まり目を閉じて、空気の流れを感じ、遠くの音に耳をすますことができる静かな雰囲気と、時間のゆとりがほしい。それは、目の不自由な人ばかりでなく、目の見える人にとっても大切なことである。

２．時間をかけて、じっくり触る

　目の不自由な人は、目の代わりに指先で観察する。自然観察会では、触ることができるもの、触って楽しめる物をできるだけ見つけて、目の不自由な人だけでなく、視覚に頼りがちな一般参加者全員が触って楽しんでみよう。

　触って観察することにより、見るだけでは気がつかなかったことが発見できるだろう。しかし、人によって虫が嫌いだったり、動くものは怖いという場合もあるから、触ることを強制するのはよくない。もちろん、触ってみようという気持ちがある場合に、手をそえて触らせたり、触りやすいように観察対象を支えて観察を助けるのはよい。

　一般的には、あまり小さい物や、触ると形が壊れるものは観察が難しい。しかし、サクラの花のように小さいものでも、野外で咲いている状態なら、花弁がしっかりしているので指先で調べることができる。タンポポの綿毛は、触ると飛んでしまうが、触ってもなんとか形が分かる場合もあるし、そっと触った指先に飛び散ろうとする綿毛を感じる時もある。

　次々にいろいろなものを触るのではなく、一つひとつをゆっくり丁寧に触る方がよい。丁寧に触るということは、部分から全体、全体から部分へと繰り返し触りながら、全体像を構成することを意味するので、じっくり触るための時間と雰囲気を保障することが大切である。

　ここで忘れてならないことは、目の不自由な人が必ずしも触ることに熟達しているとは限らないということである。触ることに不慣れな人もいるし、特に観察経験の少ない子どもは、丁寧に触って観察することが難しい。そのような場合は、一緒に触りながら言葉を交わし、より丁寧に触って観察を深めることができるように指導することも必要であろう。このことは、目の見える人たちに対する観察指導の態度と基本的に変わるところはない。ただし、指先に神経を集中して観察することは大変疲れることなので、指導する側の熱心さのあまり、目の不自由な人を疲労させることのないように注意したい。

　ともあれ自然観察会の役割は、まずは知識より、自然に親しみ、探究心を育てることにある。目の不自由な人が、自分の手で自然の中から何かを見つけ、それを喜びとすることを第一に考えたい。

3．全体像を理解する工夫―部分から全体へ、全体から部分へ―

　誰でも、目を閉じて知らない場所に行き、いきなり一枚の木の葉を触ったら、その葉が高い木の垂れ下がった枝についた葉なのか、低い木の葉なのか

は分からない。手を動かして枝や幹を調べて初めて、木の全体像と、その木の一部分としての一枚の葉を理解することができる。

　モモの木の下で目の不自由な子どもを抱き上げて、枝に付いているモモの果実を触らせたが、その子どもは一つの果実だけを触ったため、「モモの実は木に一つしかなっていない」と思い込んでいたという例もある。また、動物園でキリンに顔をなめられて、キリンの背の高さは自分と同じくらいだと思った子どももいる。これらの例は、観察対象の一部だけを触った場合に当然生じる誤解を示している。

　このように、触ることを中心にした観察では全体像の把握が難しいため、全体を連続的にじっくり観察できるようにしたい。全体を触ることができないほど大きなものの場合には、対象に触りながら端から端まで歩いてみたり、目の不自由な人が一方の端に立ち、他の人がもう一方の端にいって声を出し、距離を判断することもできる。また、全体像を示す模型(弱視の人には大きめの図や写真でもよい)を使って、対象の全体と、いま触った部分との関係を示すのも良い方法である。

　自然観察会では、観察ポイントごとに立ち止まって観察する場合が多い。目の見える人は、観察ポイントの周囲の様子を一目瞭然に知ることができる。しかし、目の不自由な人の場合には、各ポイントでの観察が断片的になりがちである。そこで、安全な場所では、目の不自由な人自身が自由に歩きまわってその場所の様子を調べる機会があるとよい。また、目の不自由な人をガイドしながら次の観察ポイントへ移動する際には、できるだけ周囲の様子が理解できるように配慮してほしい。ただし、観察の中心はあくまで実物に触れ、自分の感覚で感じることであるから、説明ばかりが多くなったり、周囲の様子に耳をすますゆとりのないほど話し続けるといったことはないように注意したい。

４．観察したことを共有し、その場でまとめる

　観察したことは、互いに口に出して話し合おう。会話によって、目の不自由な人は、目の見える人が見つけたものを知ることができるし、また、目の

不自由な人の観察からは、目の見える人だけでは気づかなかったことを学ぶことにもなるだろう。

　観察したことを共有したら、その観察の意味付けのための説明は、原則として、その場で行なう。まとめを聞いてさらに疑問が生じたら、繰り返し観察する。

5．説明は具体的に

　目の不自由な人は、言葉によるコミュニケーションには何も問題はない。ただし、目の不自由な人に説明をする時に、「あれ」「これ」といった言い方をすると、何を指しているのか理解できない。そこで、このような曖昧な表現を避け、具体的な言葉で説明する。例えば、「向こうの方に」という言い方よりも、「ここから50メートル前方に」という方が分かりやすい。

　説明は、なるべく静かな場所で行ないたいが、やむをえない場合は、目の不自由な人が騒音に対して背中を向けるような位置をとる。説明をする人の声と、騒音とが、同じ方向から来ると、音声だけを頼りに説明を聞いている人は疲れるものである。

安全確保

1．何が危険なのか

　目の不自由な人にとって最も危険な状態は、危険が存在するにもかかわらず、本人がそのことに気づいていない時である。多少の危険があっても、本人がそのことに気づいていれば、注意をしているので事故が起こることは少ない。例えば、木の枝のとげなどは、無意識に触れば危ないが、意識して、そっと触って観察する場合は特に危険ではない。また、細い山道などをガイドする人と共に歩く場合も、その場所の様子をよく説明しておけば、道を踏み外すことはほとんどない。

　目の不自由な人が危険な状態にある時、例えば気づかずに崖や川の縁に向かって歩いている時、走っていって助けることができれば一番よいが、その時間のない時は、「ストップ」とか「あぶない！」などの言葉で、本人に向かっ

て大声で叫んでほしい。それだけで、目の不自由な人は、自分のことだと分かって止まることができる。

野外で観察をしている時には、目を突く危険のある枝がでていないか、かがみこんだ時に、目にぶつかるような位置に切株や杭、柵の柱などがないか、注意してほしい。林のマント群落のような所を横切る時には、スキー用のゴーグルや化学実験用のプラスチック製保護めがねを用いるとよい。

林の中を歩く時や、観察するために茂みに手を入れる時には、ハチの巣や、ウルシの木などがないか、ガイドする人や自然観察指導員が気をつけてほしい。

弱視の人の場合は、観察する時に、目を近づけることが多いために危険が生じることがある。また、駅などで素通しのガラスに衝突したりする事故もある。特に視野の狭い人は、足元がよく見えないことがある。また、明るい場所と暗い場所では極端に視力が違う人もいるので、初めての場所で移動する時は注意してほしい。

自然観察会の事前の現地調査では、以上に述べたような危険の有無に注意し、危険な場所がある場合は具体的な対策を立てておくことが必要である。

２．時間に余裕のある計画を立てる

触って観察することは、見ることに比べて、はるかに時間がかかる。そのことを考えて観察内容を絞る必要がある。また、目の不自由な人が、野外で初めての場所を移動する場合、特に、不規則な階段や飛び石づたいに歩くような場合は、思いのほか時間がかかるものである。一般的に、登山やハイキングの時は、登りより下りの方が時間がかかる。一歩一歩、足場をさぐりながら下りなければならないためである。

したがって、計画を立てる時には、観察の時間、移動の時間にゆとりをみて、決して「急げ」と言わないですむような計画にしたい。

３．その他の注意

以上に述べたような配慮が行き届いていれば、目の不自由な人が自然観察会に参加することが特に危険であるということはない。ただし、眼疾の種類

によっては、強い運動が禁止されている場合もあり、また、目の障害以外に病気などのある場合は、その病気に対する配慮が必要なこともある。いずれの場合も、本人または保護者に注意すべきことを確かめておくことが大切である。

　自然観察会の前には、現地の病院や診療所に連絡をとり、万一の事故や病気にそなえておくことも忘れてはならない。

自然観察会の場所

　目の不自由な人が参加する自然観察会は、こういう場所でなければならないということはない。しかし、場所を選ぶ場合には次の条件を配慮するとよい。

①目の不自由な人が足元にあまり注意を向けないですむような足場のよい所。足元の不安がなければ、それだけ観察に没頭できる。

②触って観察できるものが、手の届く所にあること。

③目の不自由な人にとって全体像が理解しやすい場所。例えば、自然観察路に沿って歩きながら触って観察できるような所は、連続的に触るので全体を理解しやすい。また、あまり広くない安全な林などもよい。

④自然の音に耳をすますことができる静かな所。

⑤目の不自由な人が一人で参加する場合は、集合解散の場所は、駅のホームや改札口のように分かりやすい所がよい。特に危険な場所を避けることはいうまでもない。

準備する教材・道具など

１. 点字・拡大文字などの資料

　自然観察会で配布する資料があり、目の不自由な人の参加があらかじめ分かっている時は、本人と連絡をとり、点字、または拡大文字などの資料を用意するとよい。また、触って分かる触地図（触知図）が用意できれば、その場の全体像の把握に役立つ。しかし、自然観察会においては、観察する対象

はあくまで自然そのものであり、資料は、補助的な教材であるから、どうしても用意しなければならないというものではない。

2．観察のための道具

　自然観察会の内容に合わせて、次のようなものを用意する。

⑴　ロープ（長さ20〜30メートルくらい）

　川原を一直線に歩きながら石を拾い集めたり、崖を登りながら地層を調べたりする時には、ガイドロープを張り、ロープに沿って移動する。林の中を目の不自由な人が一人で歩き回れるトレイルを作る場合にも役立つ。

⑵　感光器

　光の明暗の変化を音の高低に変えて示す道具で、手に握ることができる大きさのものが市販されている。盲学校の理科の授業では広く使われている。野外では、林の木と空との境目を辿ったり、白い岩石と黒い岩石を見分けたりする時に用いる。観察会では日向と日陰の識別、林の構造の把握にも使える。

⑶　スポッティング・スコープ

　弱視の人に、木に止まっている小鳥を見せたいという時には役に立つ。双眼鏡では視野に入れることが難しい。

⑷　レーズライター（弱視の人の場合は画用紙とフェルトペン）

　レーズライターは、表面作図器ともいわれ、目の不自由な人のために触って分かる図を描くための道具である。ゴム板の上にセロハン紙に似たシートをのせ、ボールペンで描くと、描いた線が引っ掻き傷のようになり、触って理解することができる。説明の時、図を描くことが必要になったら、これを使うとよい。

（鳥山　由子）

原典：『ネイチュア・フィーリング—からだの不自由な人たちとの自然観察—』.
　　　日本自然保護協会(1994).

iii　目の不自由な人と共にみる自然―八ヶ岳山麓での一日―

　夏休み、八ヶ岳山麓での高校生のキャンプに、目の不自由な高校生が、一般の高校生と共に参加している。今日は、近くの林で自然観察会を行う予定である。ボランティアの自然観察指導員Aさんが、目の不自由な高校生1人を含む6人のグループと共に行動することになった。

出発―小鳥の声を聞きながら目的地へ向かう

　気持ちよく晴れあがった高原の朝、準備の整ったグループから次つぎに出発していく。目の不自由な高校生のいるAさんのグループは、できるだけ静かな雰囲気で自然を味わうために、他のグループより少し遅れて出発することにした。

　キャンプも4日目となり、高校生たちは、目の不自由な人と共に行動することにだいぶ慣れてきた。目的の林まではゆっくり歩いて約30分。指導員のAさんを先頭に、その後に目の不自由なBさんが今日のパートナーのCさんと共に続き、そのうしろに4人が続く。

　Bさんは、右手に白杖をもち、左手で軽くCさんの右腕の肘の上を握っている。道はゆるやかな登り坂だが、道幅は比較的広く、平坦なので、足元をあまり気にせず歩くことができる。道の左側はシラカバの林、右側は道路ぞいに狭い草地があり、その奥は針葉樹の林が続いている。

　「左はシラカバの林。幹が真白だよ」

　「太い木なの?」

　「細い木がたくさんあるよ」とCさんがBさんに小声で説明している。

　右側の林でウグイスが鳴いた。少し離れてもう一声。一行は、立ち止まってウグイスのさえずりに耳を傾ける。

　「どっちの方から声が聞こえるかな。進行方向を12時として時計の文字盤で何時の方角かを当ててみよう」とAさん。

　「あっ、また鳴いた。3時の方」

　「今度のは1時くらい」

「また、3時の方だけれど、少し奥の方みたいだ」と口々に答える高校生。

「1時と3時は同じ個体かな？別の個体かな？」と問いかけるAさんに、

「別の個体だと思う。それに、2時の方のずっと遠くにもう1羽いる」と答えるBさん。目の不自由な人の耳の敏感さに驚きながら、みんなでじっと耳をすますと、たしかに2時の方向の遠くからもウグイスのさえずりが聞こえてくる。

「今の調子で、鳥に注意しながらゆっくり進みましょう」と言うAさんに従って全員歩き始める。

今度は、道のすぐ近くの木のてっぺんではっきりとした長いさえずりが聞こえ、見上げると胸を張って大きな口でうたう鳥のシルエットが見える。

「ここから10mくらい離れた木のてっぺん。この方向に鳥が見えるよ」とCさんは、Bさんの手をとって示している。

「鳥の声を人の言葉に置き換えていっていってみるのを、"ききなし"といいます。例えば、さっきのウグイスのさえずりをホーホケキョというのは、みんな知っているね。そんなふうに、この鳥の声をききなししてみるとどんなふうに聞こえるかな？」というAさんの指導でみんなできさなしをしてみる。

「この鳥はホオジロですが、普通、この鳥の声を『一筆啓上つかまつり候』とか、『源平つつじ白つつじ』とききなします。『サッポロラーメン味噌ラーメン』というのもあるんですよ」との説明に、一同なるほどと感心する。

「左手から水の音がするけれど……」というBさんの言葉に気がつくと、いつのまにかシラカバ林は終わり、左手の灌木の茂みの下の方から谷川の音が聞こえる。耳をすますと、鳥もいるようだ。流れの音にまじって聞こえる細く高いさえずりはミソサザイだろう。

しばらく行くと、右手の林から美しいさえずりが聞こえる。じっと聞きほれている一同の横で、指導員のAさんは、手早くスポッティング・スコープに鳥の姿をとらえる。オオルリだ。

「わあ、きれいだ」

「青い鳥ですね」

「大きく口をあけてうたっている」

　かわるがわるスコープを覗いた高校生たちは、初めて見る美しい鳥の姿に興奮している。目の不自由なBさんにもみんなの興奮が伝わってくるようだ。

　「青い色の宝石に瑠璃というのがあるでしょう。その瑠璃の色をしているからオオルリ。青い色の鳥は、ほかにもコルリとかルリビタキとか瑠璃という言葉がつくものが多いのです」と図鑑を見せながら説明するAさんに、

　「オオルリはどのくらいの大きさなの」とBさんが質問する。

　「スズメより少し大きくて、頭のさきから尾まで16cmくらい」

　「そんなに小さいのに、よく大きな声が出るものですね。それに本当にきれいな声ですね」

　「そう、オオルリは美しい声で、日本三鳴鳥の一つです。今日はオオルリに会えてよかったね」というAさんの言葉にうなずきながら、Bさんは、じっと耳を傾けている。

　今日の目的地の林も、もうすぐそこである。

林に入る

　林の入口は草原になっている。今までの道より歩きにくいので、指導員のAさんがBさんの歩行のガイドをすることにした。腰の高さほどの草原に一人がやっと通れるほどの細い道がついている。Aさんは、Bさんとつないだ手を背中に回す。こうすれば、BさんがAさんの背後にまわる形になり、一人分の幅で進むこ

写真5-1　細い橋を横向きに誘導する

とができるわけだ。真夏の日に照らされて、草いきれが強い。腰の高さで草がズボンや手に触れる。ゆるやかな上り道を30mほど歩くと林に着く。

　密生した木々の枝をかきわけて、やっと林内に入る。からみあった木の枝

もなく、急に体の動きが楽に感じる。

　「足元のクッションがきいていますね」というBさんの言葉に、みんな足元の感触に注意を向ける。

　「暗いなあ」

　「空気も湿っている」

　「少しカビくさい」

　「涼しいな」などの感想が口々に出る。

　林の中で腰を下ろし、一休みしながら、林の周囲の様子、林内に入っての印象をフィールドノートにまとめる。Bさんもウェストポーチから携帯用の点字板を取り出して記録する。指導員のAさんから、林のそで群落とマント群落の説明を聞く。いま通ってきた草原と木の枝が密生して通りにくかった林縁の意味をみんな納得したようだ。

林の中で　その1－樹木の様子－

　「ここは、上の方は、木の枝におおわれているんでしょう?」と、頭上を見上げてBさんがつぶやく。

　「そう。でもどうして分かったの?」

　「上手く言えないけれど、上が開けている所では、上を向くと暖かさを感じるというか、開けた感じがするというか、なんとなく分かるんです」

　Bさんの言葉を聞きながら、みんな頭上を見る。木の枝が互いに入り組んで、空をうずめている。風が吹いて梢が揺れた。

　「木の高さは10mくらいですか?」と、梢をわたる風の音でBさんは木の高さを想像している。

　「そう。この真上の枝はそのくら

写真5－2　2人の高校生が大木をかかえて観察している。右端の生徒は梢をわたる風の音に耳をすませている

いの高さだね。では、少し歩き回って林の木を調べてみようか」と、指導員のAさんが答える。

　林の一角の樹木を皆で調べることにした。Bさんも友達と一緒に歩き回り、一本一本の木に触れている。

　「この木の肌と、隣の木の肌は同じみたいだ」というBさんにうながされるように、みんな、木の肌を触ってみる。

　「これはコケですか?」

　「それは地衣というんだよ」と言いながら自分も触ってみたAさんは、

　「触ってみると、地衣もコケのように湿っぽいね。見た目には、地衣は白っぽくて乾燥しているみたいに見えるけれど……」と、触った感じと見た感じの違いを再認識したようだ。

写真5−3　白杖を手の延長として使い木の高さをさぐる

　樹木の間隔は、手を伸ばして隣の木に触ることができる所もあれば、届かない所もある。手が届かない所では、Bさんは、白杖を水平に伸ばして木に触れてみた。一目瞭然に林の木の間隔を見渡すことができないBさんは、こうして樹木の間隔をつかもうとしているのだ。みんながBさんの観察に協力している様子をAさんは見守っている。

写真5−4　白杖を使って田の水路の囲いをさぐる

　さっき、Bさんが10mくらいの高さだといった木の幹は、直径20cmくらいだった。林の中にはもっと細い木もあった。直径5cmくらいの木は、手を上に伸ばしたくらいの高さだった。

　「これは、クリスマスツリーみたいな木だね。さっきの太い木はどんな葉がついていたんだろう?」というBさんの言葉に、Cさんは、太い木の所にBさんを案内し、触れる高さに伸びた枝を見つけ、Bさんの手をとって触らせた。

　「太い木も同じような葉なんですね」とBさんが嬉しそうに言う。

　「こんなに小さいのもあるよ」という友達の声の方にBさんとCさんも行ってみる。高さ30cmくらいの、これもクリスマスツリーのような木だった。しゃがんで見回すと、もっと小さな木がたくさん生えている。なかには、地面からほんの数cmの高さでわずかに葉を付けた稚樹もある。林の中を歩き回って分かったことは、この林の木は、みんなクリスマスツリーのような木、つまりモミの木に似た針葉樹であること、おとなの木から生まれたばかりの木まであること、木の間隔は不規則であること、木の幹には地衣が付いていて、付いている場所の向きが決まっていることなどだった。

　観察をノートにまとめたのち、Aさんの指導で、この林の成り立ちと将来について考えてみる。

　「木の間隔が不規則だから、植林ではなく、自然にできた林だろう」

　「大きな木の下に、同じ種類の幼い木が育っているから、この林は、ずっと同じ種類の木の林として続くのではないか」というのが高校生たちのまとめだった。Aさんは、さらに、陰樹と陽樹、極相林について説明を付け加えた。

　「今、みんなが観察した木は、この地域の極相林を構成している木で、代表的なものはコメツガとオオシラビソの2種です。ほら、これがコメツガ。こちらがオオシラビソ」とAさんは近くの枝を見せながら説明する。

　高校生たちは、「葉の大きさと付き方が少し違うね」と話し合いながら、手に取って観察している。

　目の不自由なBさんにこういう細かい違いは分かるだろうかと、Aさんは内心心配しながら、Bさんの手を取ってそれぞれの枝を触らせる。両手で丁寧に葉を触っていたBさんが、

「コメツガは、ちょっとチクチクしますね。オオシラビソは、こうやって葉をしごいても柔らかいけれど……」と言う。

思いがけない発見にAさんは、枝先を軽く握ってそっと手を動かしてみる。たしかにBさんの言う通りだ。

「本当だ。握ってみると分かりますね。今まで気がつかなかったけれど。とても良い方法ですね！　ああ、分かった。チクチクするのは、コメツガの葉柄、ほら、この部分が手に触るせいなんですね」と興奮したAさんの言葉で、ほかの高校生も葉先を触って確かめ始めた。Bさんは、なにげなく気がついたことを認められて、嬉しさに頬を染めている。

近くでヤマガラが鳴き始めた。

林の中で　その２ −自然のつながり−

「では、今度は地面にも目を向けてみよう。みんな、自分の座っている場所の地面を少しずつ掘ってごらん」と、Aさんが言う。

林床には、丈の低いササがまばらに生え、コケが多い。コケをそっと取り除くと、ポロポロした落葉や朽木の混ざった柔らかい土がある。

「少し、カビ臭いですね」とBさんは言う。

「こんなに細かい根がいっぱい！」

「根が多いけど、地面は柔らかいね。どこまでも手で掘れるもの」

「さっき、白杖が地面に刺さってしまったけれど、こんなに柔らかい土だったんですね」

「さっきは慌てて抜いたけれど、40cmくらいは入っていたんじゃないかな」

「それにしても、この根はすごいな。林の下には、根の林があるみたいだね」

「この下はどうなっているのかな。やっぱり一番下は岩なんでしょうね」高校生たちはAさんに尋ねる。

「そうですね。帰りに切り通しの所を通るから、そこで観察してみましょ

う」Aさんが答えた時、近くの木の枝を小さな動物がさっと動いて消えた。

「あっ、鳥！　あっ違う、ネズミだ」とDさんが叫ぶ。

「ネズミより尾が大きかったでしょう。あれはリスです。でも、一瞬だったのによく見つけたね。Bさん、今、Dさんがいったのはね、ここから正面に見える太い木の枝、そう、この方向なんだけど、そこをリスが走ったんですよ」とAさんは説明する。

「本当にリスがいたの?」と顔を輝かせるBさんに、Dさんは、

「僕はびっくりして、初めは鳥だなんて言ったけど、尻尾が見えたからネズミかと思った。でも尻尾は体より大きいくらいだった」と説明している。

「林は動物たちのすみかでもあるんだね。実は、この林を出た所に、とてもおもしろいものがあるよ」というAさんの言葉で、一同は、掘った土を元に戻して立ち上がった。

Aさんの言った「おもしろいもの」というのは、高さ３ｍくらいの幹だけが残った枯木だった。

「これは、雷が落ちた木かな?　上の方はなくなってる」

「そう。多分雷でやられたんでしょうね。この木の幹をよく見てごらん。なにか気がつかないかな?」

「穴がいっぱいあります」

Bさんも手を伸ばして、木の幹に開いた穴を触っている。

「そう。たくさん穴があるでしょう。この穴はどうしてできたと思いますか?」

「虫が開けたんじゃないかな」

「もしかしたら、キツツキじゃないかな?」

「そうです。これはキツツキが開けた穴。キツツキはこんな枯木に穴を開けることが多いんです。あっ、しずかに……。今、鳥の声が聞こえたでしょう。あれは多分アカゲラだ。アカゲラっていうのは、おなかの下の方と頭の一部が赤くて背中が黒い色をしたキツツキなんだけど、もしかしたらこの木の住人かもしれないね」

「枯れた木も動物の役に立っているんですね」

「その通り。ほら、そこに倒れた木があるでしょう。その木をよく見てごらんなさい」

「小さい穴がある。あっ、アリみたいな虫が出入りしています」

「裏側にはキノコが生えている」

「どこなの?」と尋ねるBさんと一緒に、Cさんは倒木を持ち上げてみた。

「あっ、軽い!」

「簡単に持ち上げられるね」という二人の言葉にみんな、代わる代わる倒木を持ち上げてみる。

「倒れた木はこうして虫や微生物に分解されていくのですね。キツツキのこと、この倒木のこと、大切なことだからしっかり心に留めておきましょう」とAさんが説明する。

フィールドノートに記録する高校生の傍らで、Aさんは考える。

「目の不自由なBさんのグループを担当することで、緊張していたけれど、思ったよりずっと良い観察会になった気がする。Bさんも楽しそうだし、ほかのメンバーもよく協力してくれた。それにBさんがいたおかげで、なんでも持ってみたり触ってみたりしたことも、みんなのためによかったと思う。コメツガの葉柄がああして触ることで感じられるとは、今まで気がつかなかった……」

太陽はもう真上だ。午前中いっぱいかけた自然観察会も、もう終わりに近い。

付記

筆者がかつて勤務していた筑波大学附属盲学校高等部では、夏季学校の一日を自然観察会に充ててきた。日本自然保護協会の自然観察指導員が、ボランティアとしてこの観察会に参加し、教職員と共に、目の不自由な生徒のグループを担当したこともある。

本稿は、この夏季学校でのエピソードをもとに、「目の不自由な高校生B

さんを含む一般の高校生のキャンプでの自然観察会を、自然観察指導員のＡ
さんが担当する」という設定に替えて執筆したものである。

（鳥山　由子）

原典：『ネイチュア・フィーリング―からだの不自由な人たちとの自然観察―』.
　　日本自然保護協会(1994).

コラム

 とにかく自然が好きなので

　帰省した時の楽しみの一つに、母と一緒の散歩がありました。盲学校での寄宿舎生活は自由が限られていたうえに、何よりも両親との日常生活が持てないことが残念でした。だから、長期の休みになると毎日のように母と散歩ができたので、うれしかったのです。

　私のふるさとは伊豆半島です。海の側に住んでいたころは、潮の匂いに包まれて波打ち際を歩き、防風林の松林で松ぼっくりを拾い、引き潮になると私でもアサリが採れたものでした。上げ潮になり、足を濡らしながら大急ぎで家に帰ったこともありました。

　また、山間の集落で暮らしていた時には、春特有の強い風に吹かれながらつくしやふきを採りました。つくしを見つけるのは難しいので、母がたくさんある場所を教えてくれます。手を伸ばせば必ず採れました。ふきは葉っぱが大きいので私でも探せました。手があくだらけになるのもかまわず、たくさん採ったものです。つくしもふきも夕飯のおかずです。

　夏休みにも大きな楽しみがありました。8月も半ばを過ぎれば、夜はかなり涼しくなり、秋の虫が美しい音色を奏でます。母と私は懐中電灯を持って出かけます。石垣の続く道で立ち止まり、耳をすまして「ここ」と小声で指差すと、懐中電灯を付けて母が鈴虫を捕まえます。こうして毎年我が家の玄関はにぎやかになりました。

　大人になり都会で暮らすようになると、もう母との散歩もできなくなりました。一人の生活ももちろんいいけれど、以前のように自然に触れることができなくなりました。風の匂いや鳥の声などを感じて満足するのがせいぜいです。若葉を繁らせた木や、きれいな花のそばを通っても、触（さわ）れないことがとても残念でした。

　いつのころからでしょうか。自然観察会とか自然保護という言葉が気にな

るようになりました。私も自然観察会に行ってみたい。でも、目が不自由だから他の参加者の迷惑になるだろうし、きっと色々なものを見せられながら説明を聞くのだろう。それでは、ただその場に立っているだけで終わってしまうから、悲しい思いをするだけです。私には縁がないんだと自分を納得させていたのでした。

　ある日、知り合いからバード・ウォッチングに誘われました。『さわる図鑑・鳥』の発刊記念で企画された日本野鳥の会主催のものでした。視覚障害者イコール鳥の声というステレオタイプは嫌だという思いもありましたが、自然に飢えていたので参加することにしました。1991年6月のことだったと思います。そこで久しぶりに鳥山さんとお会いしました。そしてこの日が、私の夢の実現につながったのでした。

　この年8月に福島県民の森で開催されたネイチュア・フィーリング研修会に、目の不自由な人の立場から話をしに来てほしいと鳥山さんからお誘いをいただきました。すでに日本自然保護協会の名前は知っていたので、自然観察や自然保護と関われるかもしれないと思い、喜んで参加させていただきました。1992年には、日本自然保護協会がボランティアとして養成している自然観察指導員の講習会も受講でき、今日までネイチュア・フィーリングを楽しんでいます。

　自然は私を元気にしてくれます。けれど危険もたくさんあるので、むやみに植物に触れることはできません。また、危ない場所と知らずに踏み込んで怪我をするかもしれません。だから、直接自然と触れ合うには、自然をよく知っている人のサポートが大切です。そしてそれは単なる誘導ではなく、「自然が好き」という共通の思いがあると、とても楽しいのです。

　目の不自由な人の多くは、心ゆくまで草や木をゆっくりじっくり触ったり、落ち葉の感触を味わったり、モグラの穴を追跡したりすることなど無縁だと思っていると思います。まして自然の守り手になれるなどとは考えも及ばない、という人もいるでしょう。でも、自然は誰でも受け入れてくれます。自然は様々な立場で暮らしている人たちにとって決して無縁ではないこと、人

間が生きていくためにはなくてはならない守るべきもの、そして色々なやり方で守り手になれることを、私なりに伝えていきたいと思っています。

　幼いころ、ふるさとを退屈だと思ったこともありましたが、知らず知らずのうちに自然への思いが育まれていました。そして、希望はかなう、夢は実現するという喜びを自然が教えてくれたのです。

（瀬川三枝子）

② 博物館におけるハンズ・オン

1．はじめに

　博物館のバリアフリー推進は、これまで博物館の恩恵を享受しにくかった人々、とりわけ高齢者や障害者に博物館を楽しむ機会を提供することを目的としてきた。しかし、このことは、全ての人々にとって、博物館をより魅力的なものにする積極的な意味を持っていると思う。筆者は、長い間盲学校の教員をしていたので、視覚に障害のある生徒たちと共に博物館を利用する機会が多々あった。その経験をもとに、博物館における視覚障害者の観察・鑑賞について述べたいと思う。

2．触って鑑賞するとは　―部分の観察を総合して全体像を描く―

　「一目瞭然」という言葉があるように、視覚は素早く全体を把握することに優れた感覚である。視覚に障害があると、この「全体像」の把握に手間ひまがかかることになる。

　指先で一度に触れる範囲は限られるので、両手を使って手を動かしながら、部分を触り、それが全体のどこにあたるかを確認し、また、部分を触るという作業を繰り返して、頭の中に全体像を作り上げていかなければならない。木の葉の形を知るためには、片方の手で葉を押さえて、もう片方の手の指先で葉の縁をたどり、その指先の動きの記憶を総合して形のイメージを作り上げるわけである。

　この時、「両手を使い」、「手を動かしながら」、「全体をまんべんなく」触って観察することが大切である。両手を使うことで、片方の手を基準にしてもう一方の手を動かし、位置や距離感を知ることができるからである。また、手を動かして観察することによって、魚のうろこ、木の葉の縁にある鋸歯、とげ、毛並みなどの向きにも気づくことができる。

　このようにして触りながらイメージを作り上げていく作業は、時間がかか

るだけでなく、高度の集中力を要求される。触っている最中に横からいろいろ話しかけられたりすると集中できない。また、一度に多くのものを触るより、一つのものをじっくり触る方が適当である。

　大きなものの全体像を理解することは容易ではないが、いくつかの効果的な方法が工夫されている。

　一つは、触りながら自分が動いて行く方法で、例えば、ウシのからだの形を知る時などに、この方法をとる。ウシの頭から背中、背中から腰、腰から脚、腹というように順に触って理解するが、全体をまんべんなく触るためには、適切な介助が必要である。

　もう少し大きいもの、例えば大型の恐竜の骨格標本などは、たとえ端から端まで触ったとしても、全体のイメージを描くことは困難である。もちろん各部分を触ることは観察の基本であるが、全体がどんな形をしていて、今触っている所はそのどこにあたるのかを理解するためには、適当な縮尺の模型やレリーフが必要である。

写真5－5　恐竜の骨格標本を触っている様子

　さらに、全体の広がりや大きさを実感するために、別の観察方法を併用することが効果的である。

　最も簡単なのは、端から端まで歩くことで、歩きながら、「今、頭の下にいます。」とか、「いま、肋骨の下を歩いているところです。」などと説明してもらうと、大きさの実感が出てくると思う。

　もう一つは、音で広がりをつかむ方法である。例えば、「頭」というボタンを押すと頭のところに付けられたスピーカーから音がする、「しっぽの先」というボタンを押すと、そこから音がするというようなしかけがあれば、自分の場所（ボタンのある場所）を基準にして、どのくらいの高さや広がりを持ったものなのかを理解することが可能である。

音による空間把握は、屋外でも利用できる。例えば、大きな建物や、ちょっとした林の両端に人が立って声を出せば、手前で聞いている人には、その広がりや大きさが理解できる。

一方、実物が小さ過ぎたり壊れやすくて触ることができない場合には、レプリカや模型が有効である。ただし、模型だけでは大きさや質感が実物のそれと異なり、誤解を招くことがあるので注意が必要である。そのためには、分かりやすい大きさに拡大した模型と実際の大きさの模型を対比させる方法がよいとされている。また、細部までの観察は模型を用いて行ったとしても、

写真5-6　ミツバチの展示　拡大模型と実物大の模型（中央下の四角い台の上）が対比されている。パネルには点字の表示もある。

質感の理解のためには欠片でもよいから実物を触るのが望ましい。

3．視覚に障害がある人が望む博物館とは

視覚に障害がある人の中には、博物館をよく訪れる人もいる。そのような人が行きたいと思う博物館は、手で触れて観察できる展示物がある博物館である。従来、博物館は視覚による観察・鑑賞を前提にしてきたため、視覚障害者にとってはアクセスできないことが多かった。その中で、展示物に触れ（さわ）ることができる体験型の博物館や、手で触れて観察・鑑賞する「ハンズ・オン」を積極的にうたっている博物館には、視覚障害者たちが、遠方からも、わざわざ訪れている。

日本博物館協会が平成16年度に実施した、博物館における障害者対応に関するアンケート調査によれば、視覚以外の方法で観察・鑑賞できる展示物について、「ある」が382館（アンケートに回答した873館のうち43.8％）、「ない」が484館（55.4％)であった。また、その内容については、「手で触る」が295館、「体験する」が103館あった。このように、半数近くの館に視覚以外の手

段で観察・鑑賞できる展示物がある。

　そこで、博物館が今後どのように視覚障害者のニーズに対応するかを考えるために、以下に、視覚に障害のある人の博物館への希望をもとに博物館に望まれる配慮事項を述べる。

⑴　貴重なものでなくてもよいから、本質的な体験につながるものを

　視覚障害者が触って観察する場合、時間がかかり集中力も必要なので、一度の来館でそんなに多くの物に触れることはできない。したがって、博物館のあらゆる展示物を触れる（さわ）ようにする必要はなく、いくつかの物をじっくり触ることができるようにすることで、視覚障害者のニーズに対応することができる。

　しかし、来館者の立場で言えば、何に触れるかが大切である。触れることができるものは、「貴重な物でなくてもよいから、本質的な物」でなければならない。

　例えば、魚の形態を知るために水族館に出かけた場合、「触るコーナー」でウニやヒトデ、ヤドカリにしか触れることができないのなら、魚屋で魚を買って来て、教室で観察した方がよい。死んでいる魚であっても、体形、ひれの付き方、鱗の付き方、目、口など、1時間や2時間では足りないほどの観察学習ができるものである。魚のことを知るためには魚に触れなくてはならない。これが、「貴重な物でなくてよいが本質的な物」の一例である。た

だし、もし磯の生物を知る目的で来館した人がウニやヒトデに触れるのなら、それは本質的な体験である。

　もう一つの例を挙げよう。函館の北方民族資料館に、盲学校の生徒数人を引率して訪れた時のことである。あらかじめ依頼してあったので、別室でアイヌ民族の衣装に触らせてもらうことができた。それだけでなく、たまたま、

写真5−7　生きているウニやナマコを触っている様子

館にゆかりのある専門家がそこにおり、生徒の一人ひとりにアイヌ民族の衣装を着せ、樹皮を剥いで布を作ること、着物の縫い方、様々な飾り物の意味などを丁寧に説明してくださった。

　このような体験によって生徒たちは、アイヌ民族の文化の一端に触れることができたのである。展示室のガラスケースに収められた貴重な展示品の全てを触ることはできなくても、本質的な体験をすることができたわけである。

　なお、この時、衣装に触れる前に手を洗い、気をつけて丁寧に衣装を扱ったことは言うまでもない。

(2)　展示物を傷めないために

　触る前後に手を洗うことは、展示物を汚さないためにも衛生上からも必要である。また、「大切な物を触らせて頂くのだから、手を洗って丁寧に触ろう」という気持ちを子どもに持たせるためにも効果がある。手でみる美術館「ギャラリーTOM」では、作品に触れる前に必ず手を洗わせている。博物館の展示室の付近には手洗い場があることが望ましい。

　博物館の展示物によっては、手で触ることで手の油が染み込み、展示物に悪影響を与える場合もある。その場合、ごく薄いゴムの手袋などが用意されていると、素手で触るのとあまり変わらない感触で観察することができる。オクスフォード大学の歴史博物館を訪れた視覚に障害のある人によると、そのようにして重要な古代エジプトの展示物を触らせてくれたそうである。

(3)　柔軟な対応を障害のある人と共に考える

　触れる物がない場合でも視覚障害を補う方法はある。例えば米国のホロコースト博物館では、館内に視覚障害者が触れられる展示物はないが、予約をして行くと、ガイドがついて詳細に展示物の説明をしてくれたと聞いたことがある。このように、ガイドの専門性が高く説明が上手であれば、触れる物がなくても十分に楽しむことができる。

　視覚が使えない人にとって、指先で触って観察することは、観察・鑑賞の基本である。しかし、触ることだけに固執しなくても、どうしたら、見える人と同じような情報を得て楽しんでもらえるかという発想があれば、満足し

てもらうこともできるのである。博物館の事情に応じて柔軟に対応することが必要であるといえるだろう。

　ただし、どのような博物館であれば楽しむことができるかを考えるためには、必ず障害のある人たちの意見を聞くことが必要である。視覚障害者たちがいつも嘆くのは、博物館がバリアフリーあるいはユニバーサルデザインに向けての取り組みを進める際、ほとんどできあがってから意見を求められることである。その段階では根本的な問題に関わる意見は言いにくいし、また、言っても改善されにくい。企画段階から一緒に考えていけば解決できたのに、残念なことである。

(4)　何を見るかは自分で決めたい

　障害への対応に基本的な考え方はあるものの、「視覚障害者にはこのような企画がよい」と館が決めてしまうことには問題がある。琵琶湖博物館のハンディキャップ対応の中で最も印象的だったことは、障害のある人の「自分が主体的に選択して展示を見たい」という言葉だったと報告されている。もともと博物館の楽しさは、知識を押し付けられるのではなく、自分が主体となって展示の中から選択し、その結果として新しい発見があり、自分の持っている知識と絡みあって、さらに好奇心を刺激されることであると考えられてきた。このことは障害のある人にとっても、全く同じであり、障害のある人が楽しく過ごせる博物館は、実は一般の人にとっても、一番楽しい博物館なのではないだろうか。

　自分が見たいものを選択するためには、何がどこにあるかを知る資料が必要である。博物館の入り口付近に、固定された触地図を見かけることがあるが、実際のところは、視覚障害者にはあまり評判がよくない。初めて来た場所での展示物の配置を、ここで触るだけで頭にたたき込むのは無理だというのが、多くの視覚障害者の意見である。固定された触地図よりも、持って歩くことができるパンフレット（簡単な地図や展示場所のリストを点字で記したもの）の方がずっと有効であるというのが彼らの意見である。

⑸　言葉によるフィードバック

　触覚による観察には、言葉によるフィードバックが不可欠である。触ることと、説明とが一体になったシステムが必要なのである。例えば、隕石に触って「さびのような匂いがする」という感想に対して、「おもしろいことに気がつきましたね。実は鉄が含まれているのです」というフィードバックがあれば、「では、磁石が付くのかなあ」という発展がある。

　触覚による体験は部分的、断片的で決め手に欠ける傾向があり、確かな認識にするためには言葉を交わすことが特に必要だと思われる。

　盲学校の中学部の生徒が動物園で哺乳動物の頭の骨を観察した時のことである。生徒たちはすでに学校で２カ月間にわたって、身近な哺乳動物の頭の骨を系統的に観察していた。

　この時、サルの頭の骨を観察した生徒が、「この動物の顔の表面はザラザラしている」と発言した。これに対して、動物解説員は、「それは、すごい発見だね」と応答した。動物解説員によれば、骨の表面がザラザラしているのは、そこに筋肉が付いていたことを示し、サルの顔面のザラザラした感触は、表情筋が発達していた証拠であるという。これは、生徒にとって心に残る「発見」となった。

　このように、生徒の素朴な観察に意味付けをする専門家の解説は、触覚による観察・鑑賞を深める大切な要素である。ただし、観察・鑑賞こそが第一で、解説はあくまで副次的なものであり、言葉を挟むタイミングについても気をつける必要がある。

４．誰にとっても大切なハンズ・オン

　触覚による観察には、視覚にはない優れた面がある。温度や質感を感じ、裏と表を同時に触ることができ、持ち上げてみることで重さを感じることもできる。対象に近づくので匂いにも気づきやすく、物の内部についてもある程度感じることができる。例えば、同じように見える木材であっても、触ってみると重さや質感、温かさが違う。ツバキの葉の主脈は葉の裏に出っ張っ

ているが、葉の表側ではその部分がくぼんでいる。ある動物の頭の骨が全身の大きさに比べて非常に軽いことから、跳躍型の動物であると推測することができる。タンポポの茎が、毎日少しずつ太くなっていくことに気づく。

　このように、触覚を意識して使うことで、思いがけない多くの発見をすることができる。そして、そのことにより、対象のイメージがさらに豊かになるのである。

　触って観察することは誰にとっても必要なことである。しかし、視覚に頼ることができない場合には特に、全体像の把握、能動的な観察、イメージ化、言語化が必要であることを述べた。考えてみれば、これらの配慮もまた、全ての人に必要なことである。人には五感があるといわれるが、何かを見る時、ほとんどの人が五つのうちの一つしか感覚を使っていない。目の見える人が触って観察している時、だいたい目はうつろである。逆に目をつぶると音が良く聞こえる。博物館で、障害のある人たちの観察・鑑賞の方法に触発されて、一緒にいる私たちの見方も影響を受ける。そして、それが新しい発見につながると、うれしいものである。博物館のハンズ・オンは、視覚障害者だけでなく、全ての人の観察の深化につながるであろう。

（鳥山　由子・半田こづえ）

コラム

「知」と「美」を楽しむ

　私は、博物館や美術館を見学することが大好きです。あちこち訪れてみると、展示物の内容や展示方法など、様々なスタイルがあります。しかし、「知」や「美」が集積されている場所であることは、共通しています。これらの「知」や「美」に出会い、自分の世界を広げていくことは本当に楽しいことです。

　さて、全盲である私にとって、これらの「知」や「美」にアクセスすることは、たやすいことではありません。私なりの楽しみ方を大きく分けると、①触ったり匂いをかいだり味わったりできるものを探し、直接鑑賞する、②同伴者や学芸員の方などから説明していただき間接的に鑑賞する、③その場の雰囲気や鑑賞している人たちの様子を感じ取って楽しむ、の3通りです。

　当然、自分の手で直接触れて鑑賞するのが、もっとも理想的な鑑賞方法です。しかし、多くの博物館や美術館では、展示物がガラスケースに入れられていたり、「手を触れないでください」という表示があったりして、なかなか直接触れることができません。

　しかし、手で触れることができないから、博物館や美術館に行く価値はないかというと、私はそうでもないと思います。

　例えば、私が京都のある博物館を訪れた時のことです。そこは、京都の生活文化などの変遷を展示している博物館だったのですが、手で触れられるものは全くありませんでした。友人に説明してもらいながら、見学していくうちに蹴鞠の展示物に出会いました。私は現役のブラインドサッカー選手です。由緒正しい日本版サッカー、蹴鞠の魅力に、たちまち心を奪われてしまい、友人にこと細かく説明してもらっていました。すると、学芸員の方が近づいてきて、蹴鞠に関する様々な話を聞かせてくださいました。

　そのなかで、「目の不自由な貴族が、なんとか自分にも蹴鞠ができないか

と、鞠に鈴を入れて、蹴鞠をやってみた」という記述があるとの話を聞くことができました。現在私がサッカーに対して抱いている気持ちは、千年も昔の貴族が抱いた思いと同じものであることを知り、感激しました。このようなおもしろい話は、実際に博物館に出かけなければ、聞くことができなかったと思います。オランダのアンネ・フランク博物館で聞こえてきた正教会の鐘の音も、レンブラント美術館の「夜警」の絵の前で感じた雰囲気も、そこに行かないと味わうことのできないものだったと思います。

　とはいえ、間接的に鑑賞するだけでは、限界があります。「知」を得るのであれば、直接触れることができなくとも、説明を聞くことによって、その目的を果たすことはできます。しかし、「美」を感じ取る場合には、なかなかそうはいきません。「美」を言葉で説明した瞬間、それは「知」になってしまいます。しかし、残念ながら、美術作品に直接手で触れる機会はあまりないのが実状です。

　幸いなことに私は、幼いころから美術作品を手で鑑賞する機会に恵まれ、彫刻に興味を持つようになりました。そのきっかけは、熊本県立盲学校小学部に在籍していた時に参加した「手で見る造形展」に出品されていた一つの作品との出会いでした。その作品には、「りーーんご」というなぞめいた名称がつけられていました。触れてみると、まさにあのすべすべしたみずみずしいりんごが、上下に引き伸ばされた形の木彫でした。まさしく「りーーんご」と化していたのです。小学生の私にとって、あの彫刻との出会いは、衝撃的でした。それ以降、絵や彫刻に触れて鑑賞できる展覧会があると聞くと、できるだけ参加するようにしてきました。

　もっとも最近鑑賞した彫刻展は、社会人になってから参加した「日彫展[1]」です。

　彫刻は、もちろん目で見て楽しむことができます。その形や躍動感、生き生きとした様子など、一見して様々なことを感じ取ることができます。これに対して、手で触れて鑑賞する場合、「一触」では、ほとんどなにも感じ取ることはできません。しかし、じっくり時間をかけて鑑賞していくと、だん

だんその形が見えてきます。さらに、形だけではなく、素材による温度の違い、やわらかさ、滑らかさなどの触感・質感など、目で見るだけでは分からない、彫刻の様々な性質をも感じ取ることができます。

　この彫刻展のなかで、滑らかで温かみのある女性の彫刻や、表面が粗くごつごつとした力強い男性の彫刻など、質感と形があいまって生まれる「美」を感じ取ることができました。これこそが、彫刻の持つ本来の美しさだと改めて実感しました。

　現在各地の博物館や美術館で、作品の展示方法やイベントなどを創意工夫して、より魅力的なものにしていこうという取り組みが行われていると聞きます。その取り組みのなかで、展示物に、視覚だけではなく、その他の感覚でもアクセスできるような展示方法を工夫してほしいと思います。それは、視覚障害者のみならず、一般の見学者にとっても魅力的な展示方法となるのではないでしょうか。

2004年日彫展にて

1）日本彫刻会主催の公募展。日彫展では、視覚障害者は作家の解説を受けながら彫刻に触れて鑑賞する事ができる。

（田中　智成）

第Ⅵ章　海外の視覚障害教育との交流 －学び合うこと、支援し合うことの意義－

❶ スウェーデンの視覚障害教育

1．はじめに

　かつて、スウェーデンには二つの盲学校があった。一つは、1888年に創設され、単一障害の視覚障害児を対象とする国立トムテボーダ盲学校、もう一つは、視覚障害と重度の障害を併せ有する子どものための国立イエケスコーラン盲学校である。やがて、統合教育への流れの中で70年代に生徒数が大幅に減少したトムテボーダ盲学校は1986年に閉鎖された。また、イエケスコーラン盲学校は父母の反対にもかかわらず2001年に閉鎖され、現在、スウェーデンには盲学校は存在しない。なお、スウェーデンでは、聾学校だけが聴覚障害者の希望により例外的に特殊学校として存在するが、それ以外の障害児は通常の学校で教育されている。

　二つの元盲学校は、閉鎖前より視覚障害リソースセンターとして機能してきた。2001年の改組により、それまで個別に活動してきたリソースセンターはスウェーデン特別支援教育局 Swedish Institute for Special Needs Education のもとに統合され、新設された盲聾児のリソースセンターを加えて、特別支援教育局の傘下に各障害別のリソースセンターが整備された。この改組に伴って、トムテボーダ盲学校を前身とする「トムテボーダ・リソースセンター」は「リソースセンター・ビジョン・ストックホルム」と名称を変更したが、業務内容に大きな変更はなく、主として単一障害の視覚障害児の支援を行っている。

　一方、イエケスコーラン盲学校は重度の重複障害のある視覚障害児のため

のリソースセンターとして機能しているが、センター内に学校部門を置き、在学中の重複障害児について、引き続き盲学校教育を行っている。これは、盲学校閉鎖に反対した保護者の要望に応えるための措置である。なお、通常の学校においても、重複障害児のために、特別学級が作られている。

　本稿では、通常の学校に在学する単一障害の視覚障害児に対する支援体制を中心に見ていくことにする。

２．盲学校からリソースセンターへの転換の経緯

　トムテボーダ盲学校は、1950年代に、当時の校長のギスラー氏の考えで盲学校の優秀な生徒を通常の高校に送り出す試みを始めた。ギスラー氏は、後に国際盲教育委員会（ICEBY，現在のICEVI）の第２代目の委員長を務めた人物であるが、トムテボーダ盲学校着任当時は盲教育の経験を持っていなかった。しかし、彼は高等学校の校長を長年務めた経験から、盲学校の生徒を見て、「この生徒たちは一般の高等学校でもやっていけるのではないか」と考え、友人が校長を務める学校へ生徒を送り出した。なお、ここで、「一般の高校でもやれる」というのは、「見えなくてもやれる」という意味より、「一般の学校の教育内容を理解できる」という意味が強いと考えられる。その当時の盲学校では一般の高校よりレベルの低い教育しか行われていなかった。ギスラー氏は、盲生徒の中には一般の高校での教育内容を理解することができる者がいると判断したわけである。このようにして、当初送り出した生徒が成功したことを受けて、一般高校で学ぶ視覚障害者は徐々に増えていった。やがて1970年代になると、ヨーロッパ全体の統合教育の流れ、スウェーデンの社会民主党政権の考え方、それを受けたスウェーデン盲人協会の統合教育支持方針など、社会全体として、盲学校教育から統合教育へという動きが大きくなった。これは、トムテボーダ盲学校の生徒数に如実に影響を与えている。すなわち、同盲学校の生徒数は、1960年代は150～160人と横這いであったが、1970年代には140人から30人に激減している。そして、1986年にトムテボーダ盲学校は閉鎖されたのである。

　盲学校は、通常の学校に生徒を送り出した当初から、支援を行ってきた。特に70年代からは、リソースセンターとしての業務が、盲学校内で大きな位置を占めてきた。また、盲学校教師の援助を受けて、通常の学校の教師たちも、初めて担当した盲生徒のために献身的に教材の工夫をするなどの努力が見られた。しかし、盲学校だけでは多くの問題に対応しきれず、教科書の点訳すら間に合わなかった。教科書点訳の問題が解決したのは90年代になってからである。それには二つの理由がある。その一つは、コンピュータの普及により点字教科書の作成が容易になったこと、もう一つは、不況のため一般の学校が新しい教科書を揃える予算がなく古い教科書が続けて使われたことにより、古い点訳教科書を使い続けることができたという、やや皮肉な現象のためである。

　このように、スウェーデンの盲児の統合教育は、盲生徒に一般の教育と同等の教育を受けさせるために盲学校から提起され、盲学校がサポートする形で進められてきた。やがて盲学校はリソースセンターになり、視覚障害教育の専門機関として、支援体制の中心的役割を担っている。

3．スウェーデンの学校制度と視覚障害児の支援システム

　スウェーデンの学校は、保育園から高校までの全ての学校がMINISI-PALITYという地域（コミューン）の行政単位で運営されている。各地域には、就学前の pre-school（1歳〜5歳）、9年間の義務教育の compulsory school（7歳から16歳―6歳から就学可能）、上級中等学校（17歳〜19歳）のほか、学習障害児のための学級（7歳〜21歳）などが設置されている。地域の学校は、「A school for all」という考え方のもと、就学を望む全ての子どもに開かれている。

　視覚障害児に対する教育的支援は、国（State）、県（County Council）、民間（盲人協会、点字図書館）及び大学により組織的に実施されている。各組織の担当する支援の概要は以下の通りである。

①国レベル（Swedish Institute for Special Needs Education）
　　視覚障害リソースセンター2カ所（単一障害、重複障害）
　　アドバイザーの派遣（家庭と学校へ）
　　教材センター（小学校から高校までの教科書、教材作成）
②県レベル（County Council）
　　ロービジョン・クリニック（支援技術部門、歩行訓練部門）
　　障害者訓練・教育センター
　　重複障害児への援助
　　医療サービス
③民間
　　スウェーデン盲人協会（SRF）
　　録音・点字図書館（就学前と大学以上の図書を担当）
　　青年盲人協会（US）（視覚障害青少年のための行事など）
④大学
　　国立ストックホルム教育大学（専門家の養成、調査・研究）

4．「リソースセンター・ビジョン・ストックホルム」（トムテボーダ・リソースセンター）の役割

(1)　概要

　政府の特別支援教育局（職員700人）傘下のリソースセンターの一つで、職員60人を擁し、重度の重複障害を伴わない視覚障害児の教育を支援する専門性の高い機関である。職員のうち40人が専門職員で、そのうち30人が、元盲学校の教師である。なお、視覚障害教育の教員資格は、一般の教員免許に加えて取得する特殊教育免許の他に、さらに1年間かけてストックホルム教育大学で取得する資格である。盲学校からリソースセンターにスムーズに移行することができた一つの理由は、盲学校教員がみな視覚障害教育の有資格者であったこともあげられるであろう。

(2) リソースセンターの業務

　リソースセンターの代表的な業務は、次の5分野である。

①アセスメント

　視覚障害の診断をした医療機関は、保護者の同意を得て、特別支援教育局のアドバイザーに連絡する。それを受けて、乳幼児担当のアドバイザーが家庭を訪問し、子どもの状態を観察した後、リソースセンターでアセスメントを受けるよう勧める。アセスメントの申し込みは両親が行わなければならない。リソースセンターでは、1年間に100〜120人のアセスメントを行っているが、その大部分は乳幼児である。

　リソースセンターでは、書類によって子どもの状態を把握し、教師、視能訓練士、心理学者、眼科医、神経医、眼鏡の処方士などのうち必要なメンバーによってアセスメント・チームを構成する。アセスメントの観点は、視覚機能、発達、将来の使用文字の3点で、3日間の観察の後、チームの話し合いをもとに、アセスメント報告書が作成され、保護者に手渡される。保護者は、その報告書を、アドバイザー、ロービジョン・クリニック、地域の学校などに持っていって、子どもの就学について具体的に相談する。アセスメントの費用は無料。家族は（盲児の兄弟も含めて）センターの寄宿舎に泊まり食費のみ自己負担。保護者の交通費もセンターから支給される。

②コース（研修講座）

㋐盲児の保護者向けコース

　乳児期から入学前までに3回と、子どもが1年生から5年生までの毎年、盲児の保護者向けのコースが開催される。乳児期から小学校3年生までは、両親の参加を原則とし、4、5年生は、父母のどちらかが参加すればよい。保護者のコースの受講料は無料で、職場を休んでくる両親の給料も国によって補填される。

　乳児期のコースは、障害の程度の似通った4家族を対象に3日間にわたって開かれる。父母たちに教師や心理学者を交えて話し合いをするが、次第に親同士で話が進むようになる。このコースの目的は、「自分の子どもだけで

はない」という気持ちを両親に持ってもらうことと、いろいろなサポートが受けられることを理解してもらうことである。

　4、5歳児のコースは、5家族を対象に4日間にわたって開かれる。乳児期に引き続き、保護者同士のつながりの場を提供するほか、盲児の発達と教育についての講義が行われる。

　入学直前コースは、点字で勉強することになる6歳の子どもたちの両親を対象に、4日間にわたって開催される。点字で勉強する子どもたちの家庭学習に保護者が関われるように、点字、パソコンなど、具体的な指導技術についての講義も行われる。なお、スウェーデンでは、点字使用の盲児には、小学校段階から、音声装置と点字ディスプレーの付いたパソコンが支給されている。

　小学校1年生から5年生の保護者のコースは、子どもたちのグループ活動に付き添って来た保護者を対象に、子どもたちのグループ活動に併行して実施される。

(イ)弱視児の両親向けコース

　乳児期のコース（3日間）、入学直前コース（4日間）は盲児の両親と同じである。しかし、弱視児は数が多く、リソースセンターだけでは需要に応えきれないため、4、5歳児のコースは実施されない。また、弱視児は、小学校1年生から5年生のグループ活動もセンターでは行われないので、付き添いの両親のコースは実施されない。これらを補うために、アドバイザー主催の活動や、各県のロービジョン・クリニック、スウェーデン盲人協会などの活動がある。

(ウ)盲児を担当する教師のためのコース

　小学校1年生から6年生までの盲児を担当する教師向けに、次の3ステップのコースが用意されている。

　ステップ1…センターにおいて、5月か6月、または8月に、5日間のコースを開催し、盲児を学校に迎え入れるための研修を行う。ほとんどの教師が盲児を担当するのは初めてであり、盲児の入

　　　　学を目前にして緊急性の高い事項についての研修が行われる。

　ステップ２…盲児を迎えて一段落した10月か、11月頃、リソースセンター
　　　　　　の教師が２日間学校を訪問して、学校での様子を参観し、担
　　　　　　任教師の相談を受ける。

　ステップ３…１年経過後、センターに教師を集め、４日間のコースを開催
　　　　　　する。ここでは、教師は１年間の実績をもとに、さらに深く
　　　　　　学ぶことができる。

　以上は担任のための３ステップコースであるが、このほかに５日間のアシ
スタントのコース、実技教科や美術の教師のためのコース（担任向けコース
のステップ１に当たる４日間のセンターでの研修と、ステップ２としてセン
ターから３日間の学校訪問）がある。また、レクリエーション指導者のため
の４日間のコースや、その他随時企画されるコースがある。

　教師のコースの参加費は、学校の設置者である各地域（Minicipality）が
負担するので、各地域の教育当局の協力が必要である。そこで、アドバイザー
は、校長や教育委員会に対して、リソースセンターのコースに該当の教師を
派遣するよう働きかけている。このように国立のリソースセンターと各地域
とをつなぐ上で、アドバイザーが重要な役割を果たしている。

③視覚障害児のグループ活動

　センターでは、視覚障害児同士の親睦と、視覚障害者としてのアイデンティ
ティの確立を目的として、盲児のグループ活動を以下のように実施している。

㋐点字を使用する小学校１年生から５年生を対象に、学年ごとに毎年１回、
　センターにおいて５日間の合宿によるグループ活動が行われる（この時に
　引率してくる保護者を対象に、前述した保護者のコースが開かれる）。盲
　児は、日頃は同じ障害のある子どもに出会えないため、この活動を大変楽
　しみにしている。

㋑陸上競技、ゴールボール、ダイビングと水泳の競技会

㋒国内及び国際的なキャンプ（スクーリング、フィールドワーク）

㋓「弱視の男の子の活動」「ティーンエイジャーの女の子の活動」など、対

象を限定したグループ活動

㈭ストックホルム近郊に住む就学前盲児を対象にした、「金曜日グループ」の活動

④リソースセンターでの個人指導

　教科教育に必要な技術の習得を目的とした個人指導を実施している。この指導は、在籍学校やアドバイザーからの依頼に基づき行われるもので、学校から必ず教師が同行しなければならない。指導期間は２日または３日である。リソースセンターとしての個人指導の目的は、子どもに対する指導の効果よりも、引率してきた教師が指導の様子を見ることで、視覚障害児の学習方法を理解し、各学校で指導が継続されることである。なお、特殊な技術の指導、例えば新しいソフトの使い方などの講習は、教師の引率なしに、子どもだけの参加で実施されることもある。

⑤研究・開発

　リソースセンターの業務の一つに、研究・開発が位置付けられている。研究内容はリソースセンターの提供するサービスと関連している。最近の研究テーマとしては、「使用文字の選択」「点字指導におけるコンピュータの活用」「早産による視神経障害の研究」などがある。

　以上のように、リソースセンターは前身の国立盲学校時代に培われた指導の専門性を生かして、アセスメント、コース、視覚障害児のグループ活動、個人指導、研究・開発などを受け持っている。一方、点字教材の作成業務はリソースセンターの仕事ではなく、後述する特別支援教育局の教材センターが担当している。

５．特別支援教育局のアドバイザーの役割、及び教材作成

　特別支援教育局は、各障害別のリソースセンターのほかに、アドバイザー業務オフィス（全国23カ所）を拠点としたアドバイザーの派遣、教材センター（全国５カ所）における教材の作成・開発・提供などを行っている。

⑴　アドバイザーの派遣

　特別支援教育局には、約150人のアドバイザーが勤務していて、そのうち約80人が視覚障害児を担当している（およその内訳は、乳幼児担当30人、初等・中等学校担当30人、重複障害児担当20人）。

　アドバイザーは、学校に対して、教育方法などのアドバイスをしたり、対象生徒の評価レポートを作成する。具体的には、対象とする生徒のアセスメント（リソースセンターのアセスメントと連携して）、教師やアシスタントへのアドバイス、校長や教育委員会との相談、児童生徒と両親に対してのアドバイス、関係者が必要としている技術・情報に関するセミナーや研修会の紹介などを行う。

　アドバイザーになるための資格として、5年以上の教育経験を有すること、障害のある子どもと関わったことがあること、大学で特殊教育のコースを修了していることが求められている。

⑵　教材の作成と供給

　特別支援教育局は全国に5カ所の教材センターを持っている。そのうち4カ所が障害別の教材支援の役割を分担し、残る1カ所でコンピュータ・ソフトウェアの開発を行っている。

　ストックホルム郊外のソルナにある視覚障害者教材支援センターでは、18人の職員が働いており、毎年、300人から400人の生徒のために、約950タイトルの教科書を作成している。作成する教材の媒体は、点字・録音・電子データのいずれかで、教科書を使用する学校の希望に応じて選択される。教材センターの職員のうち、およそ10人が点訳・録音に関わり、その他がコンピュータ、図表などに関わっている。教科書を作成するには12〜20週間が必要で、図がある場合は、さらに6週間が必要である。既に作られたものの複製であれば3週間あれば間に合う。教材センターは、点訳業者2社、録音業者2社を下請け会社として持っており、編集作業には、元盲学校の教師を活用しているが、いずれもボランティアではなく、下請けとしての仕事である。これらを統括し教科書を作成する責任者は、教材センター職員が務める。

　具体的な作業は、3月頃に学校から送られてくる教科書作成依頼書（教科書名、作成媒体は学校が指定する）から始まる。それを受けて、職員が内容をチェックし、担当編集者と、担当業者、図表がある場合は図表担当の編集者に原本を1冊ずつ送付する。その後は、編集者、業者、職員が連絡を取り合いながら教科書を作成する。なお、教材センターで作成する教科書・教材は、小学校から後期中等教育段階（7歳から19歳）までを対象としている。

　教材センターには、あらゆる障害種別を対象にした常設の教材展示室があり、両親や教師の相談に応じている。

6．小学校の二人担任制と中学校の授業アシスタント

　多くの地域の小学校には、盲児のために vision teacher が加配され、二人担任制をとっている。二人の担任は対等な関係にあり、場面によってどちらかが vision teacher の役割を果たしている。vision teacher の役割は、盲児に対する点字やパソコンなど教科指導の基礎となる技術の個別指導、及びクラス全体の授業における補助である。盲児は、小学校の初めの時期は、授業時間の75％くらいを小部屋での個別指導に充てなければならないが、8歳くらいになると、個別指導の時間は25％くらいとなる。

　中学校では vision teacher の制度はなく、盲生徒にアシスタントが付く。アシスタントになるための特別な資格はなく、リソースセンターが開催する5日間のコースを受講することが条件である。筆者らが参観した中学校のフランス語の授業では、盲生徒（女子）に、20歳くらいの女性のアシスタントが付いていた。授業は練習問題のプリントで進められていたが、盲生徒は教師からフロッピーディスクに入れた練習問題を受け取り、パソコンでその内容を読みながら授業に参加していた。アシスタントは、パソコンを開くのを手伝ったほかは授業中は口を挟まず、授業終了を待って盲生徒に話しかけていた。また、盲生徒も授業中に分かりにくかったことなどをこの時に確認しているようであった。その後、生徒はノートパソコンを鞄に収め、アシスタントと共に次の教室へと移動した。このようにアシスタントを配置すること

で、授業への参加はスムーズであった。一方で、クラスメートとの関係は希薄であるように見受けられた。

7．その他の支援活動

⑴　視覚障害児同士のつながりを作る活動

　前述したように、リソースセンターで行われるグループ活動は5年生までを対象としており、6年生以後の視覚障害児同士のつながりの機会は公式には保障されていない。そこで、アドバイザーの発案で様々な活動が行われている。

　その一つとして、視覚障害のあるティーンエイジャーの集まり（1日×年10回）の事例がある。この集いの目的は、「自分一人だけではない」ことを感じてもらうことである。統合教育では、自分以外に視覚障害者がいないことがほとんどで、視覚障害児は孤立感を持っている。この「集まり」は、孤立感を和らげ視覚障害者としてのアイデンティティを育てるために、アドバイザーが協力して始めたものである。

　また、盲児を対象にした「音に親しむ集い」（1日×年5，6回）の実践事例もある。その実践に関わったアドバイザーによれば、一般の学校の騒々しい教室では盲児はその騒音に耐えられず、耳を押さえて机に伏せていることすらある。一方で、盲児が興味を抱く様々な音のおもしろさには、誰も共感を示してくれない。そのような日々を過ごすうちに、盲児は音に対する感受性や識別力を自ら封じて行く傾向がある。そのことに問題を感じたアドバイザーたちがこのような集いを始めたということである。

⑵　成人学校を活用した、視覚障害者の自立のための活動

　スウェーデンには Folk High School という成人学校が多く存在する。その一つの施設を利用して開かれている、統合教育で上手くいかなかった視覚障害生徒のための学校がある。その目的は、アドバイザーの言葉を借りれば、「羽を休め、自分を取り戻し、自立の準備をする」ことである。この成人学校には、自分の意志で入学することが条件となっており、個別のニーズ

に応じて、生活訓練、コンピュータ訓練、職業訓練などを半年から1年かけて行う。このプロジェクトは、アドバイザーたちのプロジェクトとして、既に10年以上続けられている。

8．まとめ

スウェーデンの視覚障害児の統合教育の特徴をまとめてみると、

①1950年代に、視覚障害児に一般学校と同じ水準の教科教育を行うために、盲学校が子どもを送り出した。それは、人権意識の高まりの中で広がった。実際、大学進学率の向上など、レベルアップの効果はあった。

②盲学校が生徒を一般学校に送りだした当初から支援を続け、その延長上に、リソースセンターとしての現在の姿がある。盲学校で培われた専門性が統合教育支援の柱になっている。

③視覚障害児の統合教育を支援する各機関の連携と任務分担により、組織的な対応ができている。

④リソースセンター、アドバイザー、教材センターなどにおいて、様々な職種の連携があるが、その中心は教師である。

⑤統合教育で欠落する部分を補う様々な活動がある。

⑥視覚障害者の権利擁護団体として、スウェーデン盲人協会の強力なバックアップがある。

一方で、問題点は次のように整理することができる。この中で、筆者としては、(エ)が最大の問題点であると考える。

(ア)通常の学校で、視覚障害児には友達が少ないことが問題になっている。スウェーデン盲人協会が大学に委託して行った研究でも、そのことが指摘されている（Ulf Janson 1996）。

(イ)視覚障害児同士のつながりの必要性が指摘され、そのための活動もあるが、特に中学校以上で十分でない。

(ウ)小学校段階での授業への支援は手厚いが、中学校以上では特に資格のない

アシスタントが付くだけで、子どもによっては不十分である。

㈍リソースセンターでは、盲学校で培った専門性を活用して専門性の高い活動が行われている。しかし、盲学校が閉鎖された中で、その専門性をどのように継承していくかが大きな問題になっている。

付記

　本稿は、2000年8月にスウェーデンを訪問し、関係者からの聞き取りを主にして得た情報、及び、2002年に開催された国際ロービジョン学会（VISION 2002）と、国際視覚障害教育委員会国際大会（2002 ICEVI）に出席して得た情報をまとめたものである。

（鳥山　由子）

原典：『弱視教育』,40(3),22-28.日本弱視教育研究会(2002).

コラム

 教科的な内容を中心とした中学生サマースクール

　2000年8月初旬の夕方、青松利明、内田智也の両氏と私の3人は、ストックホルム空港で鳥山由子氏の到着を待っていた。盲学校を閉校して15年が経とうとしているスウェーデンの視覚障害教育の実情を視察するために、青松氏がコーディネートしたハードスケジュールの1週間の始まりだった。訪問先の一つであるトムテボーダ・リソースセンターでは、視覚障害教育に思いのあるハリー・スベンソン氏が、内容のある話と十分な時間を準備して私たちを待っていてくれた。スウェーデンの視覚障害教育のシステムや各機関の役割だけでなく、スベンソン氏が視覚に障害のある子どもたちを通して感じることなど、多くを聞くことができた。「障害を受け入れて、自分の力を伸ばしていくための、同じ障害のある同年代の集団の役割」などについては、同じ視覚障害教育に携わる者として思いを共有する機会もあった。ストックホルムでの夜、その日のまとめをする私たちの頭の片隅には、日本でも同じような環境で学習している生徒たちに対して、筑波大学附属盲学校が今できることは何だろうかという問いが膨らんだ。その答えとして、サマースクールの実施ということが浮かび、筑波大学附属盲学校校内で実施に向けての検討が行われるきっかけとなった。

　2003年7月、筑波大学附属盲学校で、第1回中学生サマースクールが行われた。盲学校以外の学校へ通う視覚に障害のある中学生と、その保護者及び生徒に関わっている教員が対象で、筑波大学心身障害学系と連携して、2日間のスケジュールで実施した。6都府県から生徒9名、保護者・教員12名の参加があった。教科的な内容を中心として、以下のようなことが実現できるプログラムを検討した。

・視覚に障害があるために基礎的な段階で時間をかけた方が良いと思われる内容

・教科の補習ではなく、教科の理解の助けとなる基礎的な内容

・同じ障害のある人たちが小集団として活動することのできる内容

　実際には、地図を見ながら自己紹介（社会科）、ブロックで立体図形を作りながらお互いにアイディアを出し合ってその性質を調べていくこと（数学）、全体の状況を確認しながら独力で進めていく基礎的な実験（理科）、一つ一つの作業を大切にしてたくさんのことが体験できる調理実習（家庭科）、フロアバレーボールの見学と体験（体育）、機器見学とした。

立体図形を組み立てる

化学実験

　また、保護者・教員を対象としたプログラムは、生徒の現在の状態をより広い視野で見直すきっかけとしてもらうことを目的の一つとして、情報交換、眼の管理と予防について、生徒プログラム見学、卒業生から体験談を聴く、進路について、機器見学とした。

　2日間のプログラムを終えた生徒たちからは、「実際に立体を作ったので分かりやすかった」、「大きな地図を見て、普段見えていないことが分かった」、「理科の実験では学校にあるのと同じ物を使っているのに一人でできた」などの他「他の授業もやって欲しい」、「交流の時間が足りなかった」などの感想が聞かれた。また、保護者からは、「同じ環境の人たちと話しができて良かった」、「眼のことについて日常生活の中での話が聞けて良かった」、「生徒の活動をもう少し見たかった」などが寄せられた。

　2005年4月、筑波大学附属盲学校の入学式では、小、中と普通学校で学んだ高等部新入生のE君が、「……私はふと、普通を振る舞うことが普通になっ

ていく自分に疑問を持ち始めました。このままではいけないと思いながらも改善策が見つかりませんでした。そんな時、当学校を知り、学校見学、教育相談、サマースクールに参加させていただきました。特にサマースクールでは、先生方に私達が理解するまで、繰り返し教えていただきました。それは私にとって、今まで普通学校では流れていったことやできなかったことがどんどん自分の力でできていく、とても充実した内容の濃いものでした。自分の新しい居場所を見つけたような気がしました。そして、同じ視覚障害がある仲間との出会いがありました。……」と述べている。

　2007年7月には、中学生サマースクールも第5回目を迎える。

（高村　明良）

② イギリスの視覚障害児特別支援教育の現状から我が国の課題を考える

1．はじめに

　イギリスでは、1980年代からの教育改革で、障害児の教育も通常学校で行うことを基本方針としている。我が国の、特殊教育から特別支援教育への転換に当たっても、イギリスのシステムが参考にされており、「特別な教育的ニーズ」という概念や「特別支援教育コーディネータ」は、イギリスを手本に取り入れられた。

　しかし、イギリスの特別支援教育における視覚障害教育の現状については、ほとんど紹介されていなかった。そこで筆者らは、2003（平成15）年秋と2004（平成16）年春に、それぞれ約2週間イギリスを訪問し、視覚障害教育の様々な形態を参観し、教育関係者への聞き取り調査を行った。その結果、イギリスにおいては、多くの視覚障害児が通常の学校で学んでいるものの、そこには専門家による手厚い支援があること、また、視覚障害児を支援する専門家のキーパーソンは、「SEN-CO」ではなく、視覚障害教育の専門教員として認定された「QTVI（Qualified Teacher of the Visually Impaired）」であることを知った。また、英国盲人協会（Royal National Institute of the Blind：RNIB）が、視覚障害児の教育について、「通常学校における支援の行き届いた教育」を基本方針としながらも、視覚障害児のニーズに対応した教育が行われているかどうか、当事者団体の立場から目を光らせていることを知った。

　本稿は、イギリスの視覚障害児特別支援教育について、①視覚障害児の通常学校での教育を支援するシステム、②視覚障害教育に関わる教員の専門性を保障するための教員養成プログラム、③RNIBの教育支援活動の観点で整理しまとめたものである。

２．イギリスにおける特別支援教育の枠組み

(1)　法的整備

　イギリスの特別支援教育は、1978年に出された「ウォーノック報告」から始まっている。この報告では、障害カテゴリーに基づく分離的特殊教育の弊害を指摘し、特別な教育的ニーズ（Special Educational Needs：SEN）という枠組みを提唱した。つまり、「視覚障害児だから盲学校で」と決めるのではなく、一人ひとりの状況に応じて、柔軟に教育的な措置をしていこうとする考え方である。

　そして、1981年教育法によって、特別な教育的援助を必要とするような学習上の困難がある子どもが、「SENを持つ子ども」として定められ、LEA[1]（地方教育局）の教育的援助義務や、教育への親の参加権も規定された。特別な教育的援助を必要とする子どもは、障害児だけでなく、英語をうまく話せない移民の子どもや軽度の発達障害の子どもなど多岐にわたり、5，6人の子どものうち一人が該当するともいわれる。その多くは、これまで、通常の学級で放置されてきた子どもである。

　その後、1995年の障害者差別禁止法、1996年の教育法の修正を経て「2001年特別な教育的ニーズ・障害法」が成立した。

(2)　特別支援（SEN）の段階

　イギリスでは、子どものニーズに応じて、特別支援に次の３つの段階を設けている。

①スクール・アクション（School Action）

　子どものニーズを学校が認知し、通常学校内の支援チームが子どもを支援する。

②スクール・アクション・プラス（School Action Plus）

　通常学校内の支援チームに、LEAの専門家チームの巡回相談・支援が加わる。

③ステイトメント（Statement）

　教育心理士がアセスメントを行い、その結果、支援の必要性が公式に認め

られれば、LEAよりステイトメントという文書が発行され、子ども一人あたりに支援資金が付く。この段階の子どもに対しては、各学校がその支援資金を得たうえで、LEAの専門家チームの援助のもとで、子どもを手厚く支援する。

(3)　ステイトメントを持つ子どもに関するデータ

　2001年のイギリスにおける学齢児について、特別支援の対象児に占めるステイトメントを持つ子どもの割合を、障害児全体と視覚障害児で比較すると次のようになる。

　①特別支援の対象となる子ども（SEN児）は、学齢児の20%程度である。
　②学齢児のうち、視覚障害児は0.25%に過ぎない。
　③SEN　児のうち、ステイトメントを持つ子どもは15%である。
　④視覚障害児のうち、ステイトメントを持つ子どもは60%である。

　以上のように、視覚障害児はごく少数派であるが、ステイトメントを持つ子どもの比率は非常に高い。すなわち、視覚障害児の大半は、専門家による支援を必要とする子どもであるとみなされているのである。

3．イギリスにおける視覚障害児の教育形態と就学状況

(1)　視覚障害児の教育形態

　視覚障害児の教育形態としては、以下の4つのパターンがある。

①通常学校での巡回支援

　地域の学校に視覚障害児が通学し、通常学級で授業を受ける。LEAの特別支援教育組織に所属する巡回教師（視覚障害教育の専門家）が定期的に学校を訪問する。各視覚障害児には学習支援助手が付いており、巡回教師の指示に従って、教材の準備をしたり、授業に付き添って補助をしたりする。

②通常学校内のリソース・ベースによる支援

　通常学校に視覚障害児を支援するリソース・ベース（教材作成センターの機能も持つ）を置き、視覚障害教育の専門教師や教材作成者を配置し、地域内の視覚障害児を通常の学級の授業に参加させながら、まとめて支援する方

式である。歩行訓練士による歩行訓練など、自立活動的内容の指導も行われている。

③盲学校

1960年代には約40校あった盲学校は、2006年現在、15校になっている。小学校段階では、重複障害中心の盲学校ばかりである。中等学校段階では、単一障害対象の盲学校も数校ある。

④盲学校以外の特殊学校

障害種別を問わず、自宅から通学できる範囲の学校というコンセプトで運営されている。主に重複障害児を対象としており、視覚障害教育の専門性は乏しい。

(2)　視覚障害児の就学状況

RNIBは、2002年に全国の97のLEAを対象に、視覚障害児の就学状況の調査を行い、その結果を視覚障害児全体と点字使用者に分けてまとめている。表6－1は、その調査結果をもとに筆者が作成したものである。

①視覚障害児全体（盲と弱視）の教育の場の傾向

表から分かるように、小学校段階で57％、中等学校段階で47％が通常学校に在籍して巡回指導を受けている。リソース・ベースに通っている子どもは、小学校段階で4％、中等学校段階で8％にとどまっている。盲学校も、小学校で3％、中等学校で6％に過ぎない。それに対して、盲学校以外の特殊学校の在籍児が、小学校段階、中等学校段階とも、32～33％を占めている。したがって、視覚障害児の80～90％が、通常の学校と盲学校以外の他の特殊学校で教育を受けていることになる。

②点字を使用する児童生徒の教育の場の傾向

表6-1　イギリスにおける視覚障害児の主要な教育の場（2002年）

5歳～11歳（初等教育段階）

	視覚障害児全体 （5843人）	点字を使用する児童 （207人）
通　常　学　校	57.0%	49.0%
リソース・ベース	4.0%	33.0%
盲　　学　　校	3.0%	16.0%
他 の 特 殊 学 校	32.5%	0.5%以下
計	96.5%	98.0%

11歳～16歳（中等教育段階）

	視覚障害児全体 （4746人）	点字を使用する生徒 （207人）
通　常　学　校	47.0%	21.0%
リソース・ベース	8.0%	39.0%
盲　　学　　校	6.0%	36.0%
他 の 特 殊 学 校	33.5%	3.0%
計	94.5%	99.0%

　点字使用児に限ってみると、視覚障害児全体の数値とは様相が異なっている。小学校段階では、通常学校で巡回指導を受けている子どもが49％で最も多いが、視覚障害児のためのリソース・ベースが33％を占め、盲学校在籍者も16％となっている。それに対して盲学校以外の特殊学校に在籍する子どもは0.5％以下である。すなわち、点字を使う子どもの場合、より専門性の高い場が選ばれているといえる。なお、盲学校在籍者の比率が低いのは、そもそも小学校段階では単一障害児を対象とした盲学校がほとんどないためである。

　中等学校段階では、この傾向はさらに顕著になり、通常学校での巡回指導を受けている者が21％、リソース・ベースが39％、盲学校が36％、その他の

特殊学校が３％となっている。小学校段階にくらべて、リソース・ベースと
盲学校の比率が高くなっている。その理由としては、中学生になると、各教
科の支援が一人の巡回教師だけではまかないきれなくなり、より専門性の高
い支援を受けられる場を選ぶためと考えられる。なお、盲学校以外の特殊学
校には、点字を使う子どもはほとんどいないことも特色である。

4．視覚障害児のインクルーシブ教育に関わる専門家

　視覚障害児の通常学校での教育を支える専門家としては、①SEN-CO（特
別な教育的ニーズコーディネータ）、②QTVI（視覚障害教育専門教員）、③
TA（学習支援助手）、④テクニシャン（教材作成担当者）、⑤歩行訓練士な
どがある。以下に、SEN-CO、QTVI、TA について説明する。

(1)　SENコーディネータ

　（SEN-CO: Special Educational Needs Coordinator）

　通常の学校に必ず１名置かれており、特別な教育的ニーズのある子どもを
掌握し、専門家をコーディネートしたり、「ステイトメント」などに伴う文
書処理、財務面の処理を受け持つコーディネータである。日本では、イギリ
スのSEN-COを通常学校の障害児支援の専門家のように理解する傾向がある
が、視覚障害の専門家はQTVIであり、SEN-COには視覚障害教育の専門性
はない。なお、SEN-COは、コーディネートや事務・経理処理の責任者であ
るため、管理職が兼ねていることが多い。

(2)　視覚障害教育専門教員

　（QTVI: Qualified Teacher of the Visually Impaired）

　QTVIは、視覚障害教育の免許を有する教師で、最も専門性が高い人とみ
なすことができる。この免許はもともとは、盲学校の教師に法律で義務付け
ていたが、現在では巡回教師やリソース・ベースの教師についても、この免
許を持っていることが採用の条件となっている。QTVIの資格を取るための
要件としては、通常学校での教師の経験が３年以上必要であるとされている。
また、盲学校等で視覚障害教育に携わるようになってから３年以内に取得す

ることになっている。バーミンガム大学等で2年間の通信教育で取得することが多い。盲学校がどんどん減っている現在でも、毎年、約70人の教員がQTVIとして巣立っている。

(3)　学習支援助手（TA: Teaching Assistant）

　通常学校で障害のある子どもをサポートする職員である。教材の作成や点字の指導をしたり、通常学級で授業に付き添って障害児のサポートをしたりする。基礎資格はないが、研修の機会は用意されている。たいていは、QTVIの指導のもとに働いている。

5．支援の実際

(1)　通常学校での巡回教師による支援の例

　筆者らは、ロンドン郊外のハローというLEAにある特別支援教育センターを訪問し、巡回教師と共に12歳の全盲児が通う学校を視察する機会を得た。校内には、視覚障害児のための教材や点字プリンタなどを整備したリソース・ルームが作られ、学習支援助手は、休み時間に教材を取りに来て、すぐに次の授業の支援に駆け回っていた。リソース・ルームでは点字や触図についての特別指導もしているようであった。巡回教師は、やはりQTVIの資格を持っていた。

(2)　通常学校内のリソース・ベースによる支援の例

　タプトン・スクールは、シェフィールドというイギリス中央部の都市にある生徒数1500人の中・高等学校である。訪問時（2003年）には14人の視覚障害生徒に支援をしており、そのうち1名が点字使用者であった。リソース・ベースのスタッフは7人で、内訳は、QTVIの常勤1人、非常勤2人、コンピュータの技術者（教材作成者）の常勤2人、歩行訓練士の常勤1人、非常勤1人といった陣容であった。

　QTVIは、通常の教科指導は行わず、リソース・ベースに専念しているが、技術者への指示、授業での視覚障害生徒のサポート、教科担当教員への助言、ステイトメントなどの事務処理など、大変忙しくしていた。技術者は、パソ

コン、スキャナ、サーモフォーム、立体コピー、点字プリンタ、カラープリンタ、コピー機、録音機材などを使い、個別のニーズに対応した教材を作成していた。

(3)　盲学校の例

　盲学校の数が減少し、対象も重複障害が中心となる中で、RNIBが経営するウースター盲学校（RNIB New College of Worcester）だけは、単一障害児を対象に大学進学を目指した教育を行っている。生徒数は100人で、11歳から19歳までの生徒がイギリス全土から集まってきている。

　ウースター盲学校は、最近、通常学校の視覚障害児や教員のための支援活動にも力を入れている。内容としては、教科ごとの公開授業や研究会、メーリング・リストによる教科の質問への回答など、教科教育の専門性に特色を持っている。また、バーミンガム大学のQTVI養成講座には全面的に協力しているほか、RNIBが主催する教科ごとの教員の研究会のリーダーとして活躍している。

　インクルージョンが進展する中でも、視覚障害児の教育的ニーズについて常に研究し、最適な学習環境を提供しようと努力している盲学校が残されていることは、たいへん重要なことである。また、そこで培われてきた視覚障害教育の専門性が、インクルージョンの現場に対しても、積極的に発信されており、特別支援教育の時代における新しい盲学校のあり方として参考となった。

6．英国盲人協会（RNIB）の役割

(1)　RNIBとは

　RNIBは、1868年に設立されたイギリスを代表する視覚障害者の当事者団体で、点字・録音図書の出版や貸し出し、教育支援、雇用支援、リハビリテーション、用具開発や販売、障害予防、ピア・サポート、情報提供、研究用図書館の運営等様々な事業を行っている。1918年からは盲学校の経営を開始し、教育分野でも様々な活動をしている。

(2)　RNIBの教育支援活動

　RNIBの視覚障害教育についての考え方は、1999年12月に出された基本方

針（Policy Statement）に表明されている。その要点は、①全ての視覚障害児に対する質の高い教育の提供、②専門家によるニーズの評価、③本人と保護者の意見の尊重である。教育の場についての第1の選択肢は、「専門的な支援の下での通常学校の教育」であるが、重複障害については特殊学校での教育が必要であるとしている。

　教育支援部門の事業内容には、①アセスメント、②コンサルティング、③点字・拡大文字教科書の作成、④教材・教具の開発、⑤ネットワークの構築、⑥特別措置試験問題の作成、⑦研修コースの企画・実施、⑧情報提供、⑨レジャー活動の企画、⑩盲学校の運営、⑪インクルージョンに関する調査・研究、⑫行政への働きかけなどがある。その中で、いくつかのユニークなものを以下に紹介したい。

　点字教科書としては、一般の教科書の点字版のほかに、盲児が入門期の点字を学ぶための教科書として、『Abi Book』がある。これは、アビという名前の盲児の冒険物語で、1巻が約10ページで構成され、30巻から成る。右ページに点字、左ページに墨字が記され、教師、父母、晴眼児と一緒に読めるようになっている。ストーリーの特徴としては、聴覚や触覚での情報収集を中心にした「feel」という語が多く使われており、アビの行動範囲も盲児にとって可能な範囲に広がっていく。つまり、この教科書自体が、盲児に活発な情報収集や冒険へのモチベーションを与えているのである。表現の特徴としては、略字・略語、縮字などを系統的に導入し、30巻で2級点字を習得するようになっている。

　教材・教具の開発例としては、触って分かる地図や地球儀、算数・数学で用いる測定器具や作図器具、グラフ板など多々あり、理科の実験で用いる「感光器」もその一つである。

⑶　インクルーシブ教育に関するRNIBの調査・研究活動

　RNIBでは、視覚障害児の教育の実態について、様々な調査・研究を行い、その結果をもとに当事者団体としての発言や活動を行っている。具体的な調査・研究の例としては、①通常学校において点字がどのように指導されてい

るか、②教育形態別の就学状況はどのようになっているか、③点字や拡大文字の教科書の提供方法やその質はどうであるかなどがある。そのような調査活動の一つとして、特別支援教育における視覚障害児の実態を当事者の証言によりまとめた「Shaping The Future」調査報告書がある。筆者らは、この報告書（全6冊）の第1冊目を翻訳し、『イギリスの視覚障害児特別支援教育』として出版した。

⑷　特別支援教育を支えるQTVIのネットワーク構築

　RNIBでは、QTVIのネットワーク構築のために、VIフォーラム（インターネットを利用したメーリングリスト）、カリキュラム・グループ、地域ネットワークなどの活動を行っている。

　この中のカリキュラムグループは、盲学校やリソース・ベースの教師、巡回教師など、いろいろな場で働いているQTVIたちが、教科またはテーマごとにグループを作って研究を行うもので、その中心は盲学校の教師が担っている。RNIBでは、その成果を、『カリキュラム・クロースアップ』という10ページほどの冊子にまとめている。冊子は、1回に1テーマを取り上げ、年間4回、これまでに19冊が発行されている。各教科が1冊ごとに特集されているほか、乳幼児期の指導、性教育、特別措置試験など、テーマによる特集もある。内容は、経験のある盲学校の教師であれば誰もが大切だと思うような指導上の配慮事項を、具体的にまとめたものである。しかし、これだけの配慮事項を、通常学校での指導においても必須のものとして提案している点については、注目すべきである。

7．おわりに

　現在、我が国で進行している「特別支援教育」への移行は、イギリスをモデルにしていると言われている。たしかに、イギリスでは80～90％の視覚障害児が盲学校以外の地域の学校で学んでおり、点字使用児も小学校段階ではそのほとんどが通常学校で学んでいる。しかし、日本で盲学校や弱視学級に通っているような重度の視覚障害児には、「ステイトメント」が出され、通

常学校においても、特別な予算措置に基づく支援がある。また、点字を使用する児童生徒の場合には、リソース・ベースや盲学校など、より専門性の高い支援が受けられる教育の場が選択される傾向がある。

盲学校が減少していく一方で、視覚障害教育の免許を取得したQTVIが毎年70人も生まれていることも注目すべきである。視覚障害教育現場で働きながらの2年間の通信教育には、スクーリングや実習が課せられており、QTVIは、理論的にも実践技術においても視覚障害教育の高い専門性を持っている。このことは、イギリスの特別支援教育の最も優れた点であるといえる。

もう一つ、イギリスの優れた点は、RNIBがインクルーシブ教育の中で、視覚障害児のニーズが埋没しないように調査・研究、情報提供など、様々な活動を行っていることである。インクルーシブ教育の中で、圧倒的に少数派である視覚障害教育の専門性を確保する上では、このような当事者団体の活動は大きな役割を担っているといえよう。

しかし、これほどの支援体制を作り上げてきたイギリスにおいても、視覚障害教育の研究者や教師からは筆者らに対して、「イギリスの失敗を見に来たのか」という発言もあった。視覚障害児のニーズに応えるのは生易しいことではないということなのであろう。

1）イギリスでは、学校教育の運営に関して地方分権が進んでおり、「地方教育局（Local Education Authority： LEA）」が主たる責任を負っている。

（鳥山　由子・青松　利明）

我が国において培われた視覚障害指導法の発信−アジアへ、世界へ−

1．はじめに

　筑波大学には、視覚障害教育を学ぶ目的で、アジア諸国から留学生や教員研修生が来日する。筆者は、中国、韓国、台湾、フィリピン、タイ、インド、ネパールからの学生を指導する機会を得た。そして、彼らからアジア諸国における視覚障害教育の実態を学んだ。

　アジア諸国では、視覚障害児に対して初等教育以上の数学や理科教育が行われていない国が多い。視覚障害児には実験や観察は不可能であると考えている教員が少なくなく、また先進国でそれが可能なのは、高い技術や高価な機器が揃っているからであろうと思われているという。しかし、筆者が受け持った留学生たちは、我が国の視覚障害教育において、数学や理科教育を可能にしているのは、長年の間に培われてきた指導法と、通常の実験器具に少し工夫を加えた道具であることを知ると、それを自国で生かそうと懸命に指導法を学び、併せて教材や実験器具は自国にあるもので工夫できることを学んで帰っていった。

　このような学生の熱心な姿を見ているうち、現地に出向いて何かできることはないかと考えるようになった。また、筆者のもとで博士号を取得した賀夏梅氏の指導のために台湾を2度訪問し、アジア諸国の現状を自分の目で確かめることでその思いが一層強くなった。そんな折、2003（平成15）年にインドで盲学校教員を対象としたワークショップを行う機会が巡ってきた。

　最近では、いくつかの国から指導法に関する講演の依頼を頂くようになり、ようやくアジア諸国において視覚障害児の理科教育の必要性が認識されるようになったことは嬉しいことである。筑波大学附属盲学校の数学や理科の先生方へも協力の輪が広がり、ワークショップの内容も充実しつつある。

2．アジア諸国で行った理科のワークショップ

　筆者は2003（平成15）年から2006（平成18）年にかけて、インドで理科に関するワークショップを3回実施し、2006年にはタイで筑波大学附属盲学校と連携して数学と理科のワークショップを実施した。また、韓国や台湾などで講演をした際にはいくつかの教材を持参し、それを見てもらった。ここでは、ワークショップに焦点を当て、その概要を紹介する。

(1)　インド、チェンナイにおける理科のワークショップ

　2003年12月、2005年1月、及び2006年1月に、インドのタミルナド州チェンナイにおいて、マドラス・クリスチャン・カレッジの数学の教員であり筆者のもとで博士号を取得したロビンソン・タンブラジュ（Robinson Thamburaj）氏の協力により、1日のワークショップを実施した。第1回目のワークショップには15名ほどの教員が参加し、第2回目には40名ほどの教員と3つの盲学校から15名の視覚障害児が参加した。また、第3回目には50名の教員が参加し、市の新聞も当ワークショップを大きく取り上げるなど反響も大きくなった。

写真6-1　インドで行った第2回目のワークショップの様子。会場として大学の化学室が提供された。

写真6-2　同行した浜田志津子教諭が考案したマッチストライカーで実験を楽しむ現地の視覚障害生徒（第2回インドでのワークショップより）

(2)　タイにおけるワークショップ

　2006年5月、タイ・バンコクにおいて、タイ盲人協会を始めタイ王国シリントン王女、科学技術開発協会及び科学技術教育振興研究所後援のもと、5日間の研修会が開催された。参加者は、

視覚障害教育に携わる教員、通常学校の理科や数学の教員、国立教育研究所の研究員など約30名であった。

　研修会のイニシアティブをとったタイ盲人協会会長で、自身も全盲であるモンティアン・ブンタン氏は「今回の研修は、タイの視覚障害児が理科を学習できる機会を保障していくための重要な第一歩である。今回の研修会をきっかけに、視覚障害児の教育分野において、今後もタイと日本の協力がますます進展してほしい」と語っていた。また、科学技術教育振興研究所支援技術センター長のワンタニイ氏は、視覚障害児に対する理科の指導法は、晴眼児にとっても必要なことではないかと研修会を評価していた。

写真6－3　インドにおける第3回目のワークショップを取り上げた"THE HINDU"紙の記事。「実験は成功だった」と伝えている。

3．視覚障害児の理科教育の可能性

　冒頭で述べたように、視覚障害児に対する理科教育は不可能であると考えている国は少なくない。したがってワークショップでは、視覚障害児の理科教育の可能性を理解してもらうことを第一の目的とした。以下に、筆者らが計画・実施してきた一連のワークショップの内容を紹介する。

(1)　理科教育における指導の原則

　視覚以外の感覚で得られる情報は部分的、かつ継時的であるため、視覚障害児童・生徒が自ら進んで学習するためには、生徒がその場の状況を理解し、これから行うことについて把握していることが必要である。

　そのために、授業では、実験を始める前に十分に時間をかけて、机の上にあるものを一つ一つ触って確かめたり、器具の使い方を練習して、自信を持っ

て実験を始められるようにしておくことが重要となる。

　また、教師は常に「どういう目的で、今それをしているのか」を生徒に認識させ、それを時間的及び空間的に、全体の中の一部分としてとらえさせることが大切である。

　ワークショップでは、現地の盲学校の児童生徒に対して上記に述べた指導法を筆者らが行い、教員にはオブザーバーとして参加してもらった。

(2)　視覚以外の感覚を使った観察の可能性

　自然界には、人間が持つあらゆる感覚を刺激する多様な情報がある。このことを実感してもらうために、ワークショップでは視覚障害のある児童生徒に、食塩、砂糖、重曹、小麦粉など身近にある粉末を触って観察してもらった。また、観察して感じたことを言葉で表現するように促した。初めは、片手しか使えなかったり、力の加減が分からないなど上手な観察ができなかった子どもたちも、慣れてくると両手を上手に使って観察できるようになった。さらに、発見したことや感じたことを言葉で表現できるようにもなっていった。

　その後、それぞれの粉末に一滴ずつ水を垂らし、手触りの変化を確かめたり、重曹に食酢を入れて泡が出る様子を観察した。

　このようなワークショップを通して、視覚障害児も、視覚以外のあらゆる感覚を活用して実験や観察を行えること、そして、自分が持っている感覚を日ごろから積極的に活用し、効率的に情報を得る経験を積み重ねていくことが必要であることを、参加者に認識してもらうことができた。

(3)　実験の基本操作の習得

　視覚障害児が主体的に観察や実験を行うための前提として、児童生徒が実験を自分の手で遂行できるよう十分に基本的な操作を練習し、身に付けておくことが必要となる。次ページは、ワークショップで実際に行った基本操作の例である。

化学実験の基本操作

①　試験管に粉末を入れる

　点字用紙のように表面がなめらかで厚みのある紙を薬包紙の大きさに切って二つ折りにし、いったん開いて、折り目のあたりに粉末をのせる。左手の親指と人差し指で試験管の口元を持ちながら、右手で紙を持ち、折り目を試験管の口に当てて、粉末を滑り込ませるように試験管に入れる。また、試験管に粉末が入ったかどうかは、試験管を軽く振って音で確かめる。

②　試験管に液体を入れる

　試験管に液体を入れる方法として、駒込ピペット、プラスチック製洗浄びん、滴びんの3つを取り上げた。なお、洗浄びんなどの器具については、使用前に水の入っていないものを触り、水が出る仕組みを理解させることが望ましい。

③　試験管の持ち方と振り方

　試験管に入れる液体の量は、多くても1/3以下（加熱の時は1/5以下）とする。試験管は、3本の指で持ち、手首の力を抜いて小刻みに振る。振る時に、左手の親指と人差し指の間を往復させ、中の液体の動く音を聞きながら、しっかりと振り混ぜる。

④　試験管の中をガラス棒で調べる

　砂糖や食塩を試験管に入れて水に溶かす場合、溶けたかどうかを調べるには、ガラス棒でそっとつついてみるとよい。ごく軽く、注意深くつつくと、結晶の有無や粒の大きさが分かる。また、ガラス棒をゆっくり動かすと、沈殿物の量を知ることができる。

　試験管に粉末を入れる際、粉をのせた紙の方向や傾きを確認しなかったため粉をこぼす生徒が目立つなど、いくつかの基本操作で困難を示す視覚障害児が少なくなかった。数回の練習を重ねることにより最終的には全員ができるようになったが、基本操作の習得には、日ごろからあらゆるものに触れる経験などを通し、触運動のコントロールや空間概念の習得が不可欠であることを伝えた。

212

⑷　基本操作を応用したいくつかの実験

　ワークショップでは、前述の基本操作を組み合わせてできるいくつかの簡単な実験（気体の発生、ボルタ電池など）を実際に行った。以下は、その一例である。

水素の発生

準備：亜鉛、希硫酸、試験管、駒込ピペット、マッチ

①試験管に亜鉛の小片を入れ、駒込ピペットで希硫酸を入れる。

②気体が発生したら親指でふさぎ、マッチの火を近づけて、親指を離す。

③気体に火がついた時の「ポン」という音で、水素の発生を確認する。

二酸化炭素の発生

準備：石灰石、希塩酸、試験管、駒込ピペット、気体誘導管つきゴム栓、感光器、黒い板

①試験管に石灰石（大理石）の小片を入れ、希塩酸を駒込ピペットで入れる

②試験管に気体誘導管（ガラス管）の付いたゴム栓をする。

③気体誘導管は、石灰水を入れた試験管の中にいれる。この試験管の後ろには黒い板を立てておく。

④石灰水の入った試験管の前に感光器を置き、石灰水の白濁を感光器の音の変化でとらえる。

⑸　実験器具の工夫

　市販されている視覚障害者用実験器具は、一部の品目に限られているうえに高価であることが多い。しかし、一般の学校用に市販されている実験器具を改良したり、身の回りにある物で実験器具を自作することにより、視覚障害児にとって使いやすい器具を確保することは十分に可能である。

　筆者らは、ワークショップで使用する器具類は、現地で身近に手に入る材料で代用可能なように心がけ、ローコスト教材のアイデアを提案してきた。また、この考え方は、次項で述べる低価格感光器の考案のきっかけになった。

4．世界への発信

　筆者は、附属盲学校の先生方との協力により、2006年にマレーシアで開催された「国際視覚障害者教育協議会（International Council for Education of People with Visual Impairment: ICEVI）」の第12回世界会議において、数学と理科の指導法に関するワークショップを行った。ICEVIの世界会議において、日本の視覚障害教育の指導法を紹介するワークショップを行ったのは今回が初めてであった。会場では、同時に17のセッションが行われていたにもかかわらず、このワークショップには50名ほどの参加者が集まった。

　筆者が担当した理科のワークショップでは、最初に、前述の指導における原則についての講義を行い、続いて、理科の中でも視覚障害児にとっては特に困難であるとされている光の直進、反射、屈折に関する実験を行った。この実験の方法は附属盲学校で確立されたものである（第Ⅱ章❶ⅰ参照）。また、この実験には感光器が不可欠であるが、今回紹介したのは、愛知教育大学の児玉康一氏が日本視覚障害理科教育研究会（JASEB）との交流を通じ考案した低価格の感光器[1]であった。

　1967年にボストンで開催されたICEBY（現在のICEVI）においてイギリスは、ウースター盲学校における数学と理科の指導法に関する5年間のプロジェクト研究の成果をワークショップで紹介した。この時、日本からは附属盲学校の化学の教員であった林良重氏が、1964年に来日したウェクスラー氏の推薦を受けて参加していた。当時の日本は視覚障害理科教育に関して急速な発展を遂げていたが、国際会議においては、まだ情報の発信元にはなりえなかった。その後40年を経て、我が国の視覚障害理科教育は、イギリスと並んで世界のトップ水準にあるといってよい。2006年のICEVI世界会議では、途上国の視覚障害児にも理数系の教育の機会を与える必要性が確認されたが、その中でアジアの一員としての我が国が、数学と理科の指導に関するワークショップを開催し、多くの途上国の参加者の関心を集めたことは意義深いことであり、今後の国際社会で我が国が果たすべき役割を確認することができた。

1）この感光器は市販の電子部品を使うため、一つあたりのコストが従来の感光器の1/30 で、また各学校でも簡単に作ることが可能である。

（鳥山　由子・宮内　久絵）

コラム

 台湾における今後の視覚障害児教育に思うこと

　台湾では、1960年代に、アメリカ海外盲人援助協会（American Foundation for Overseas Blind）が視覚障害児に対する巡回指導教育を推進したことをきっかけに、視覚障害児教育が普及しました。特に統合教育の理念と実践は、他の障害児教育分野よりも早く発展し、指導法においても、充実した実践がなされてきたと言えます。

　しかし、長年、台湾の視覚障害児教育においては、生活能力を向上させるための教科（点字、歩行、ADL、職業訓練など）に重点が置かれてきました。そのため、他の教科、特に盲児にとって学習が困難とされている数学と理科教育の指導法は、あまり注目されてきませんでした。その結果、視覚障害児が中学校に進学する段階になると、授業についていくことが難しくなり、数学と理科の学習をあきらめてしまうことが多いという実情があります。また、大学に進学する際に、理科系の学部を専攻したくても、数学と理科の学力が足りないために難しいということにもなります。

　2001年6月、鳥山由子先生は台湾の国立台中啓明学校（盲学校）において、日本で実践されてきた盲児に対する数学と理科教育の指導法、及びそれを可能にする教材の工夫に関する講演をなさいました。この講演に参加した台湾の盲学校の教師たちは、その内容に驚きを隠せない様子でした。鳥山先生もこの機会を通じて、台湾における視覚障害教育の現状を実感されたことと思います。

　この講演の数年後に日本から帰国し、台湾の大学で視覚障害教育分野の教員となった私は、これまで台湾において欠けていた視覚障害児に対する数学と理科教育の指導法の研究と教授に力を入れようとしています。

　ちょうど私が筑波大学から帰国したころから、ようやく台湾の中央教育行政機関である教育部では、視覚障害児に対する数学教育の指導法の改善に関

する研究の必要性を重視し始めました。教育部は、視覚障害教育を専門とする研究者たちに指導法の研究開発を積極的に呼びかけ、そのための財政的支援も行うようになったのです。このような研究環境が整備される中、現在私は、鳥山先生の下で学んだことから着想を得て、図形の系統的な学習に関する研究を進めています。

　私は、筑波大学の博士課程に在学中、指導教員であった鳥山先生のもとで、ティーチング・アシスタントとして視覚障害指導法の授業を拝見していました。その授業では、理論だけでなく、大学ではなかなか見ることのできない実践的な内容が教えられていました。ここで得た経験は、その後私が台湾の大学で視覚障害児の指導法を教えるにあたり、大いに役に立ちました。私は筑波大学で鳥山先生と出会わなかったら、数学教育の指導法についての研究を進める力を身に付けることも、台湾の視覚障害児が必要とする数学教育指導法の開発に貢献することもできなかったと思います。恩師である鳥山先生に出会えたことを心から感謝しています。

（賀　　夏梅）

コラム ──────────────────────────────●

▮▮ 触って遊べる数独パズル ▮▮

　インドでは、視覚障害者の数学教育は高等学校レベルまでしか行われていない。その結果、視覚障害者の進路は限られており、人文科学の分野を専攻する以外に選択肢がない。インドのチェンナイにあるマドラス・クリスチャン・カレッジで数学を教えていた私は、このことを知り、視覚障害者に数学を教えることに思い切って立ち向おうと考えた。しかし、この分野でふさわしい指導者を見つけ、適切な研究課題を選定することは、大変困難であった。

　そんな折、1999年にリサーチプログラムで日本を訪れた際、鳥山由子教授にお会いする機会を得た。先生は、即座に私の関心を理解し、インドの状況に即した実行可能な研究領域を提案してくださった。更に幸運なことに、私は、日本学術振興会の奨学金を得て、鳥山先生の下で研究することになったのである。そこで、私は、先生の専門性が盲学校での豊富な教育経験に由来していることを知った。私は、日本の大学で先生が行った実験の授業やインドで実施したワークショップの見学を通して、自身の幾何学に関する実験研究について大きな示唆を得た。また、鳥山先生がチェンナイで行われたワークショップは、視覚障害者に対する数学及び理科教育の実現の可能性に関して、インドに深い影響を与えた。

　理科教育の他に、「ネイチュア・フィーリング」の活動における先生の専門的な働きにも大変感銘を受けた。それがきっかけで、私は、視覚障害者向けのパズルという、新たな分野への関心を持つようになった。

　ボードゲームとパズルは、屋内で行われるレクリエーションとして、若者にも大人にも、世界中でもっとも広く受け入れられている。インドでは、チェス、チェッカー、ナイン・メンズ・モリス、トランプ、ブラーマ・パズル（ハノイの塔）などの人気のあるゲームには、障害のある人々が楽しめるように工夫された修正版がある。しかし、このようなユニバーサルデザインの

ゲームの開発や既存のゲームの修正に対して、教育玩具メーカーが資金を提供するまでには至っていない。

　最近インドでは、数独パズルの人気が急速に高まっており、多くの新聞が毎日の連載記事として扱うほどである。数独は、日本のパズル誌の出版社、ニコリの登録商標である。これは数字を使った頭脳ゲームで、それを解くためには論理的思考が必要となる。私は、鳥山先生の下で学んでいる時に、このパズルを視覚障害者も使えるように改良し、「触って遊べる数独パズル」を完成させた。

　このパズルでは、盤面にマグネット・シートを貼り、2.5センチ四方のマスを触って分かる浮き出し線で囲んでいる。同じくマグネット・シートで作った2センチ四方の駒には、活字と点字で数字が書かれている。そして、あらかじめ配置が決められた数字の駒には、それを示すピンを挿す。

　数字の好きなあらゆる人が驚きと喜びを得られるように、私は2種類の大きさのパズルを作った。一つは、4×4マスをフロッピーケースの中に収めた小型で初心者向けのもの、もう一つは9×9マスをA4サイズに収めた標準的なものである。

4×4マスの数独パズル

　この功績が認められ、私はインド政府より、「費用効果の高い技術提供のための、適応性の高い開発」の部門で、2005年の障害者の日に表彰を受けた[1]。この受賞は、鳥山由子教授の親身なご指導の下で経験と知識を培うことができたお陰である。

1）インド政府は毎年、障害者福祉への貢献に対して、いくつかの部門で表彰を行っている（Scheme of National Award for the Welfare of Persons with Disability）。

（Robinson Thamburaj）
原文英語、編集協力委員会翻訳

資　料　戦後の視覚障害理科教育の礎を築いた先人たち

1．はじめに

　戦前の盲学校においては、物理や化学の実験は不可能とされ、口頭での自然事象の説明にとどまる、いわゆる「お話し理科」がやむを得ないものと考えられていた。1947（昭和22）年の学校教育法の施行によって、盲学校の教科教育は一般の学校に準ずるという教育課程編成の基本方針が立てられ、戦前の「お話し理科」を改めようと、文部省による研究指定や理科教育の環境整備が急速に進められた。

　そして、官民一体の取り組みによって、1967（昭和42）年に、実験・観察の指導書として、文部省編『盲学校理科　実験と観察　盲児童生徒編』が発行され、物理、化学を中心に、実験・観察の方法が具体的に示された。また、1970年代には、生物分野の実践も進み、今日につながる盲学校理科教育の枠組みが出来上がった。

　筆者は、戦後の盲学校理科教育を支えた先人の活躍を直接・間接的に学ぶ機会に恵まれ、その実績を引き継ぎ、1960年代後半から30年余りの間、視覚障害理科教育の現場で授業実践を続けてきた。さらにその実践を基盤に他の教科の実践と交流することにより、視覚障害教育の専門性について考えを広げることができた。

　しかし、今日では、戦後の視覚障害理科教育の発展の経緯を知る人は少ない。そこで、ここに戦後の盲学校科教育の歴史を整理し、先人たちの努力をまとめておきたい。

2．1950年代までの盲学校の理科教育

(1)　学習指導要領等における理科の記述の特色

　1947（昭和22）年から施行された学校教育法によって、盲学校の教育課程は一般の小・中・高等学校の教育課程に準ずるという基本方針が定められた。これを受けて、文部省では、1949（昭和24）年に「盲学校教育課程研究協議会」を設置して、盲学校における教育課程の編成に関する研究を開始し、「盲学校教育課程・小学部編（案）」を作成した。しかし、なお検討する問題もあることなどを理由に文部省で正式に発表する形をとらず、便宜上青鳥会から発行された。この中では、理科の指導上の注意として、花や魚等の実物観察の必要性と、観察の指導方法が具体的に示されている。

　さらに、文部省は、1955（昭和30）年に、教材等調査研究会盲学校小委員会において、小学部・中学部学習指導要領の作成に取り組み、1957（昭和32）年3月15日、「盲学校小学部・中学部学習指導要領一般編」を文部事務次官通達として公表し、1957（昭和32）年度から実施した。各教科の目標は、小学校または中学校の各教科の目標に準ずることとされ、理科の留意点は、次のように示されている。

- 観察実験などの学習活動をなるべく多く用意し、その際には視覚以外の感覚の働きによって具体的な知識理解の習得と科学的な見方を養うよう特別のくふうと配慮とを要する。
- 盲児童は、空間概念、光に関する現象の理解が特に難である。これらに関する教材の選択、配列やその扱いには特別の配慮とくふうを要する。
- 機械・器具・電気・薬品などの取り扱いについては特別なくふうによって危険防止の能力と習慣を養うことに特に意を用いる。

　ここには、盲学校の理科教育の基本姿勢が打ち出されている。しかし、3項目全てに含まれる「特別なくふうと配慮」についての具体的な記述はない。

⑵　盲学校教師の実験・観察についての意識

　文部省ではこの学習指導要領の作成作業と並行して、1956（昭和31）年に、文部省主催特殊教育指導者養成講座を全国３カ所で開催した。この際、全国の盲学校から出された資料のまとめによると、理科の教材で盲生徒の学習上困難なものとして、光に関する現象の理解、天体・宇宙の概念の把握、動植物の生態の観察、化学実験の技能、電気に関する実験、危険物に対する態度、運動に関するものなどが挙げられている。

　また、1958（昭和33）年には、大阪市教育委員会より「盲学校理科教育法の研究」の研究指定を受けた大阪市立盲学校が、全国的なアンケート調査を実施し、その結果を「盲学校理科教育の根本問題資料」として1960（昭和35）年に発表している。ここには、多くの盲教育関係者が盲生徒の実験を困難なものと考えている実態が報告されている。一方で、この報告書と同時に発表された同校の八谷正教諭による「盲学校理科教育試論」には、具体的な実験の指導例が挙げられており、盲学校の理科実験の実践に踏み出していた様子がうかがわれる。

　以上のように、当時の盲学校関係者の多くは、一般の小、中、高等学校で行われている理科教材の主なものを、そのまま盲学校で取りあげるのは困難であると認識していた。しかし一方で、発想を転換し、視覚に頼らない理科実験を模索する動きも始まっていた。

⑶　文部省主導による研究活動

　1955（昭和30）年に、文部省が設けた教材等調査研究会盲学校小委員会には、当時、初等中等教育局主任視学官であった大島文義の強力なリーダーシップがあったといわれている。

　大島は、旧制高等学校の教授（物理学）を経て、国定教科書の編集等を担当する図書監修官として文部省入りをした理科の専門家であった。その後、初等中等教育局初等教育課長（昭和27年より特殊教育室長併任）を務め、1955（昭和30）年２月から1959（昭和34）年まで初等中等教育局主任視学官を務めた。また、文部省の直轄学校時代の東京盲学校（現筑波大学附属盲学

校）の卒業式や、盲教育の研究会等にもよく出席し、盲教育に強い関心を示していた。大島が主任視学官を務めた期間に、盲学校の第一次学習指導要領の作成、指導者養成講座、研究指定校などが実行された。特に、教材等調査研究会盲学校小委員会の理科委員会は大島が最も力を入れ、盲児童生徒の特性に合った理科教材の配列や観察、実験の方法を検討して点字で盲学校独自の教科書を作ることを目標にした委員会であった。この委員会に同席していた大川原潔は、大島は盲学校の教師とよく討議し、この委員会は大島を講師とした理科研究会の雰囲気を持って進行したと書いている。

　盲学校の教科書の書き下ろしは実現せず、検定教科書を修正して文部省著作本とする現在の制度となった。しかし、教材等調査研究会盲学校小委員会において研究された資料は、第二次学習指導要領における理科の内容の学年配当、指導計画の作成や指導上の留意事項に活用されたほか、理科教育振興法による理科設備基準の改訂に反映された。

　大島は退官直後に「視覚と理科指導との関係－特に盲学校における物理教材の扱いについて－」という論文を『初等教育資料』に載せている。この中で、武田耕一郎、佐藤美奈子による盲生徒の学習上困難なものに関する教師の意識調査のまとめを紹介した上で、実験観察を中心として指導する場合の実験機器について、①聴覚や触覚を高度に活用するもの、②手頃な大きさのもの、③形状や構造が簡単で堅牢なもの、④容易に転ばないもの、⑤操作に伴う危険性の全くないものでなければならないと述べている。また、児童生徒に過度の緊張感や不必要な危険感を与えないようにして、実験観察を興味をもって積極的に行うための方策を、以下の5つに分けて示している。

　a　普通の実験観察を行う。
　b　普通の実験観察の一部を盲者向きに改良して行う。
　c　実験観察を簡単化して行う。
　d　グループで実験観察を行う。
　e　特別な実験観察を行う。
上記aからeには、それぞれ説明文があるが、その中のeについては、小・

中学校では行っていないけれども、盲学校で特別な教材と方法とをもって行うとよいものがあるのではないかと述べ、一つの例として、盲児童生徒の音を聞く経験の積み上げを積極的に実験指導に生かしていくことを提案している。行政に携わる人の個人としての意見は表面に出ることが少ないが、退職後に書かれたこの論文は、大島の盲学校理科教育についての見識を物語る貴重な資料と言えよう。

(4) 盲学校における先進的な試み

1950年代初めから、盲学校の理科教育に関する先進的な実践が存在している。その中の4例を以下に紹介する。

実践例1　近畿地区の理科教師による教科書作成

1953（昭和28）年、『盲学校高等部用　化学』が近畿地区の盲学校関係者による「盲学校理科教育研究会」によって編集・発行されている。これは、大日本図書版『化学』を盲学校に適応させたもので、弱視者及び教師参考用として普通字版も同時に作成された。この教科書は、盲学校用の教科書を書き下ろそうとした時代の気運を受けて作成されたものであるが、近畿地区の各校でどのように実際に使用されたかは明らかではない。

この教科書には、本文中に、約20項目の実験があり、盲生徒が聴覚と触覚で反応を知ることができるよう工夫した記述が見られる。

実践例2　富山県立盲学校教諭林良重と日本化学会

富山県立盲学校の教諭であった林良重は、1953（昭和28）年に日本化学会の教育部門の機関誌に「盲学校における生徒実験について」と題した論文を投稿している。そこに記述されている化学実験の一つに、結晶水を調べる実験がある。ここでは、結晶が結晶水を失って無水物になる変化を、一般には、硫酸銅を用いて青色から白色への視覚的な変化として観察する実験を、炭酸ナトリウムを用いて聴覚と触覚で確認する方法に修正している。さらに、いくつかの実験例のまとめとして、「理解、判断、観察の困難は、視覚を主とするから当然そうなる」と指摘し、発想を転換して他の感覚を活用することで実験方法が開発できたと述べている。

実践例 3　理科実験指導に関する文部省研究指定

　1956（昭和31）年度から、文部省は研究指定校の委嘱を開始した。第 1 年目は理科の研究指定で、岩手県立盲学校と富山県立盲学校の 2 校に委嘱している。

　岩手県立盲学校による1956（昭和31）年度及び1957（昭和32）年度報告書には、小・中・高等部の25項目の理科実験・観察の授業について、単元名、実験名、実験方法、使用器具薬品等の項目が、 1 実験につき 1 ～ 2 頁にまとめられている。

　1956（昭和31）年度報告書の、高校化学分野の実験を見ると、酸とアルカリの実験で、指示薬の色の変化を観察する代わりに触覚と味覚を活用している点や、スポイトびんを用いて盲生徒が実験に参加できるよう配慮した点などに工夫の跡が見られる。しかし、実験操作のほとんどは、弱視生徒が行っており、盲生徒による実験操作は補助的なものにとどまっている。

　文部省は、引き続き、1957（昭和32）年度には大阪府立盲学校に「盲学校理科教育の検討」を、1958（昭和33）年度には高知県立盲学校に「盲学校における理科実験器具の作製」を委嘱している。また、文部省以外の研究指定として、大阪市立盲学校が1958（昭和33）年度より大阪市教育委員会の研究指定校となり、「盲学校理科教育法の研究」をテーマに研究を行っている。

実践例 4　高田盲学校の理科教育の実践報告

　新潟県の高田盲学校の理科教育が、『講座　小学校現場の理科教育　学習指導』の中に、「盲学校における理科教育」として掲載されている。その中の、「盲学校における理科教育の現状と問題点」のうち、「心的活動と技能の発達」の部分に、盲児が触覚、聴覚、味覚・嗅覚を活用して対象に働きかけ、総合的に理解していく様子や、遊びを通して子どもたちが理科に興味を持つ様子が紹介されている。

⑸　理科教育研究者の関心と協力

　昭和30年代頃から、盲学校の理科教育に関わりを持ち、継続して研究を発表している研究者がいる。その中に高知大学教育学部物理学教室の大庭景利

と、秋田大学学芸学部の内田ハチなどがいる。

　大庭は、1958（昭和33）年8月に高知市で開催された文部省主催の西日本地区特殊教育指導者養成講座において、盲学校部会の指導助言者を委嘱されたのをきっかけに盲学校の理科教育に関心を持ち、1959（昭和34）年以後数年間にわたり、高知県立盲学校の協力を得ながら「盲学校に於ける理科学習指導に関する研究」を続けた。それらの研究の多くは、野村益盛（高知県立盲学校教諭）と共同で行われたもので、連名の論文を、『高知大学学術研究報告』、『理科の教育』などで発表している。その後、大庭は、1967（昭和42）年の『盲学校理科 実験と観察 盲児童生徒編』の作成協力者を務めている。

　内田ハチは触覚による観察に興味をもち、1956（昭和31）年から継続して研究を発表している。その一つとして、1961（昭和36）年に、岩石を題材に、盲児（15人）、普通児（24人）、晴眼の低IQ児（10人）を対象に、観察の様子を調査している。その結論として、盲児は、弁別の方法が狭小であっても、岩石の本質的特徴をとらえていること、視覚に代わる感覚を用いた観察法を学習することにより抽象化の錬磨を進めることができること、触察学習のための補助器具の開発が必要であることなどをまとめている。

3．1960年代の盲学校理科教育
(1)　学習指導要領における理科の記述の特色

　1964（昭和39）年度から1966（昭和41）年度にわたって小学部から順次施行された第二次盲学校学習指導要領には、盲学校理科実験観察に関する最新の研究成果が盛り込まれた。例えば、中学部編には「指導上の留意事項の一例」として「沈殿の有無、色及びその変化については、感光器を用いて理解させるよう指導する」という記述がある。感光器は、この学習指導要領施行とほぼ同時期に実用化されたものである。このように、最新の実践研究の成果をも取り込んで、観察・実験・実習・見学などの実証的学習経験を重視した理科教育を進めることが学習指導要領に明記され、盲学校の理科教育はその基盤を確立することになった。

(2)　盲学校における実践研究

　1960（昭和35）年の全国盲教育研究大会（現全日本盲学校教育研究大会）の理科分科会では、全国から 9 題の発表がなされた。そのうち 6 題が実験観察の指導に関するもので、実験方法の具体例や器具の開発について紹介していた。また、参加者の中からも各校で工夫している実験を話題に出すなど、これまでにない活況を呈した研究会であったといわれている。

(3)　ウェクスラーの"Experimental Science for the Blind"出版と、日本での講演会の実現

　我が国の盲学校における理科実験の飛躍的な進歩の起爆剤としての役割を果たしたのが、ウェクスラーによる"Experimental Science for the Blind"の出版であった。これは、世界で初の、視覚障害者を対象にした実験観察による理科（物理）教育に関する著作である。

　ウェクスラーは、ロンドン大学で自然科学教育の講義を担当していた頃に、イギリスの盲学校の教師らと親交があった。大学を定年退職した後、メルボルンに在住し、メルボルンの盲学校の生徒が学校ではほとんど理科実験を体験していないことを知った。そこで、生徒を自宅に招き、自ら開発した視覚障害者用実験器具を用いて、盲学校の生徒に実験（主として物理学実験）を指導した。これをもとに、1961年に英国盲人協会（The Royal National Institute for the Blind: RNIB）の協力によって出版されたのが上記の本である。この中には51葉の図版（機器の精密な図や写真）があり、実験器具や実験方法が具体的に記述されている。

　この書が出版されてまもなく、関東地区盲学校理科教育研究会のメンバーは、同書の中に、ここ数年来の自分たちの研究と類似した実験方法や機器が多くあることを見つけ、直ちに翻訳作業を始め、1963（昭和38）年の全日本盲教育研究大会理科部会において配布した。また、この部会の決議がきっかけになって、翌1964（昭和39）年 7 月、ウェクスラーの日本訪問が実現し、全日本盲教育研究会と理科教育関係 4 団体の共催、文部省後援のもとで、京都（全日本盲教育研究会全体会場）と東京（日本化学会講堂）の 2 会場で講

228

演会が開かれ、「盲人の形の認識について（Concerning Shapes and Their Recognition by the Blind）」「盲学校の幾何図形教授用具について（Apparatus for teaching for Science to the Blind）」「盲学校の理科機器考案の原理について（Apparatus for teaching Geometry to the Blind）」の3題についての講演がなされた。なお、本講演会の報告書に掲載されている盲学校教師の感想文には、講演で語られたウェクスラーの考えと自らの考えを比較考察しているものが複数見られる。このことから、当時の盲学校教師の中には、先達としてウェクスラーを尊敬しながらも、講演内容を鵜呑みにすることなく、主体性を持って受け止めていたことがうかがわれる。

"Experimental Science for the Blind"では、視覚障害者用器具装置の開発の一般原理として、聴覚化、触覚化、目盛りの拡大、イニシアルの明示、単純化を挙げている。実験項目としては、電磁気の実験、熱の実験、光学実験、力学実験、音の実験、化学実験などがある。特に、硫化カドミウム（CdS）光電素子を用いた感光器は、同様のアイディアを持っていた我が国の盲学校教師に刺激を与え、これを機に様々なタイプの感光器が作られた。感光器を使うことで、それまでは不可能とされていた光の直進・反射や屈折の実験を盲生徒が行うことが出来るようになっただけでなく、化学変化における色の変化の確認も可能になった。また、感光器による指針探索を応用した各種の計測機器が作られた。

⑷ 文部省編『盲学校理科　実験と観察　盲児童生徒編』の編纂

1967（昭和42）年、文部省では盲学校理科に関する初めての指導書として『盲学校理科　実験と観察　盲児童生徒編』を作成した。その「まえがき」では本指導書の趣旨として、理科教育は本来、実験や観察などの実証的学習経験を通して学ぶものであること、新しい盲学校学習指導要領には理科の実験・観察をできるだけ取り入れたこと、盲児童生徒には不可能または困難とされていた分野についても、特別な実験機器の開発により可能になったものがあることが述べられている。そして、各盲学校において盲児童・生徒の特性に即した理科指導が適切に行なわれるよう、特に実験・観察について具体

的に解説したものであると書かれている。

　本書の構成は、次の３章である。

　第１章　盲学校理科実験、観察の留意点と機械器具

　第２章　小学部理科の実験・観察

　第３章　中学部・高等部理科の実験・観察

　この指導書は1,000部印刷され、1967（昭和42）年３月に、全国の盲学校へ10〜15冊ずつ無料で配布された。本書は第二次学習指導要領の作成と並行して約２年間かけて編集されたもので、137種類の図版を使って、実験の方法を具体的に説明したものである。

⑸　理科教育振興法基準品目の改訂と盲人用実験器具の普及

　理科教育振興法（理振法）は1954（昭和29)年から施行されていたが、盲学校としての特色が盛り込まれたのは1966（昭和41)年からである。この時、盲学校の設備基準には、小・中・高等学校の新基準による設備が全て入れられただけでなく、それに加えて、盲人用感光器、盲人用電流計、盲人用電圧計、盲人用はく検電器、盲人用温度計など、当時、盲人用として開発されていた実験器具が全て加えられた。また、この改訂に当たって、これらの盲人用実験器具は、教材基準として全国の盲学校に整備された。

４．1970年代の盲学校の理科教育

⑴　学習指導要領における理科の記述の特色

　1967（昭和42）年の『盲学校理科　実験と観察』の刊行以後、文部省は盲学校の理科教育はすでに実施可能なものとし、『学習指導要領解説』においても、理科の実験・観察を当然の活動としている。盲学校の理科教育は、未解決の課題は残しながらも、準ずる教育としての大枠を整えたと言える。

⑵　化学実験の基本操作の指導に関する研究

　『盲学校理科　実験と観察』には、盲児童生徒に実験を指導する場合の基本的な考え方や、実験方法の修正のヒント、盲生徒が自らの手で実験を行うための盲人用実験器具などが掲載されている。しかし、実際に盲生徒自身が

この指導書にあるような実験を行っている盲学校は少なく、多くの盲学校においては、盲生徒自身が実験に参加することは困難であった。

　この頃、地方の盲学校で理科を担当していた鳥山由子は、実験を盲生徒が遂行するためのレディネスとして、実験の基本操作の指導が必要であると考えた。そこで、1970（昭和45）年から1972（昭和47）年にかけて、中学部の盲生徒2名を対象に、化学実験の基本操作法の開発と指導を目的にした系統的な実践研究を行い、成果を上げた。なお、この実践研究を反映して、1970年代後半から、理科の点字教科書（文部省著作本）に、盲児童生徒の特性を考慮した実験の基本操作が掲載されるようになった。

(3)　生物教育に関する実践研究

　1967年の『盲学校理科　実験と観察　盲児童生徒編』は、物理及び化学が中心であって、生物、地学の実験・観察については、実施できる実験項目や観察材料を並べただけのものであった。しかし、1970年代に入って、生物分野において意欲的な実践研究が報告されるようになってきた。その一つは、東京教育大学附属盲学校（現筑波大学附属盲学校）における生物の授業実践とその理論化であり、もう一つは、東京都恩賜上野動物園における視覚障害児のためのサマースクールの実践と、「視覚障害児の動物認知研究会」で行われた研究である。

①東京教育大学附属盲学校（現筑波大学附属盲学校）の生物教育

　1971（昭和46）年、東京教育大学附属盲学校で中・高等部の生物担当教諭であった青柳昌宏は「盲学校高等部における全盲生向き生物実験の開発」と題する論文を『科学の実験』に発表している。これは、前年に同校に赴任した青柳が、それまでの一般高校での経験をもとに、全盲生向きに実験方法を工夫し、実際に授業で実施した実験をまとめたものである。この中には、鶏卵を用いた浸透圧の実験、光合成による気泡の発生を音で観察する実験、全盲生用に修正した方形枠による植物の調査などが報告されている。また、青柳は、中学部の理科第二分野の授業における動物・植物の観察指導について、様々な形態の授業を試み、その集大成として、1975（昭

和50）年度に、中学部 1 年生の生物の授業（毎週 2 時間）を植物の観察
（前半年）と動物の観察（後半年）に充て、観察力の育成を目標に掲げた
授業を実践している。

② 「視覚障害児の動物認知研究会」の研究及び上野動物園におけるサマース
クール盲児教室の実践

　　上野動物園内の子ども動物園では、1965（昭和40）年から心身に障害の
ある児童を対象にしたクラスが開設されていた。このクラスは 6 年間続き、
その経験から障害のある子どもたちに対しても日常的な受け入れが可能で
あるとして、このクラスは解消された。ただし、視覚障害児の場合には、
動物認知の過程や素材の提供などに特別な配慮が必要であると考えられた
ため、1971（昭和46）年度からは視覚障害児のみを対象にしたクラスが行
われるようになった。また、視覚障害児クラスの開催に当たって、都内の
盲学校関係者と動物園職員とで研究協議が行われたが、その後、この発展
として「動物認知研究会」が作られた。

　　この研究会では、盲児のサマースクール開催の準備として、1971（昭和
46）年 4 月から 3 カ月間、都内の盲学校小学部 1 、 2 年生の盲児若干名を
土曜日の放課後に子ども動物園へ招いて実際に動物に触れさせ、盲児が動
物を理解していく過程を観察しながら、動物の身体部位の位置関係、動物
の基本形態をさわらせる方法、各部位をまんべんなくさわらせるための指
示方法、不必要に恐れさせずに自ら進んで触れさせるための配慮、興味の
持続や年齢などによる対応などが研究された。

5．まとめ

(1)　各時代のまとめ

　　1950年代の理科教育は、準ずる教育という国の基本方針を受けて、盲学校
においても実験や観察に基づく理科教育を行うべきであるとする考えから始
まった。しかし、盲学校の教師の多くは、盲児童生徒にはほとんどの実験が
困難であると考えていた。一方、新しい教育課程編成に向けての研究が文部

省主導で進められた。その推進力の役割を果たした大島文義は、理科の専門家の立場から、盲学校では困難とされている実験も、発想を転換し盲児童生徒の視覚以外の感覚を活用することで可能になると考えていた。文部省による最初の研究指定校に理科実験の研究課題が与えられたことは、文部省の盲学校理科教育に関する前向きな意識を表している。

　現場の教師の中にも先進的な実践が生まれていた。高田盲学校の実践で強調されている盲児の視覚以外の感覚の活用、大阪市立盲学校の八谷正の実践、富山盲学校の林良重による、実験材料や操作方法を柔軟に修正して一般の学校と同じ目標を達成しようとする化学実験指導など、今日の盲学校理科教育につながる実践も1950年代末には現れていた。

　また、盲学校の理科実験・観察に関わりを持った理科教育研究者には、後に、盲学校理科教育の指導書作成等に関わった大庭景利などもいた。

　1960年代になると、実験や観察による実証的な理科教育を行うことが学習指導要領に明記され、そのための条件整備が行われた。特に、1967年の『盲学校理科　実験と観察　盲児童生徒編』により、盲学校児童生徒に困難とされていた実験のうち、少くとも物理・化学においては、通常の高等学校程度に実験・観察が可能であることが示された。

　しかし、『盲学校理科　実験と観察　盲児童生徒編』を現代の目で見れば、不十分さも目立つ。第一の問題は、生物・地学については、実施できるものを散発的に並べたにすぎない点である。第二の問題は、物理や化学の実験方法について、開発された盲人用実験器具の使い方などが示されているが、その操作を盲児童生徒が遂行するための指導法が示されていない点である。特に、盲児童生徒の実験・観察の入門期の系統的な指導について実践的な研究は行われていなかった。

　1970年代には、『盲学校理科　実験と観察　盲児童生徒編』では不十分であった分野の実践研究が進んだ。その一つは、化学実験の基本操作など、入門期の系統的な指導法であり、もう一つは、生物分野の実践である。生物分野の実験・観察は東京教育大学附属盲学校の青柳昌宏によって精力的

に進められた。また、上野動物園では、盲児の動物観察に関する実践研究が動物園と盲学校の協力によって進められたが、その推進力は、上野動物園の遠藤悟郎であった。このようにして、1970年代は、今日の視覚障害理科教育の基礎となる体系ができた時期と言えるであろう。

(2)　盲学校理科教育の発展の要因

　戦後の盲学校理科教育の発展は、視覚障害児童生徒の感覚の活用に共感した盲学校の理科教師の意欲的な実践を中心に進められた。その中には、1950年代から化学分野において活躍した林良重、1970年代に生物分野で盲学校の特色ある授業形態を作りだした青柳昌宏など、高校理科教育で顕著な実績のある教師がいた。このような先駆者の優れた教育実践は、盲学校の理科教育の発展において、教科指導の専門性を有する人材を得ることの重要性を物語っている。

　それに加えて、盲学校の理科教育の歴史において特筆すべきは、理科教育研究者の関与である。理科教育では、元来、自然界の情報は多様であり、実験・観察に当たっては五感を使うことが基本とされている。盲学校の理科教育に触れた研究者の中に、視覚以外の感覚の活用に関心を抱く研究者がいたことは、理科教育の本質からみて必然的なことであったとも考えられる。そのような研究者の代表に、大島文義とウェクスラーを挙げることができる。

　大島文義は、1950年代に、文部省において特に盲学校の理科教育の発展に強力なリーダーシップを発揮した。その背景として、文部省入省前は物理学の研究者であった大島は、当時、多くの盲学校の教師が不可能と考えた理科実験の多くを、工夫によって可能なものと考えていたからだと思われる。

　また、1960年代初頭に"Experimental Science for the Blind"を著してイギリスと日本の盲教育に大きな影響を与えたウェクスラーは、物理学の大学教師という資質を背景に、盲学校の生徒と共に実験をすることによって、自作の教材・教具の有効性を確認していた。

　我が国における戦後の盲学校理科教育は、一般の理科教育において優れた実績を有する先人をリーダーとし、視覚障害児童生徒の感覚の可能性に着目

した盲学校現場の授業実践の継続によって、今日の姿に発展してきたと言えるであろう。

（鳥山　由子）

参考図書一覧

文部省
　『観察と実験の指導』. 慶応通信, 1986.

日本自然保護協会
　『フィールドガイドシリーズ④：ネイチュア・フィーリング―からだの不
　自由な人たちとの自然観察―』. 平凡社, 1994.

神奈川県立生命の星・地球博物館[編]
　『生命の星・地球博物館開館3周年記念論集：ユニバーサル・ミュージア
　ムをめざして－視覚障害者と博物館－』. 神奈川県立生命の星・地球博物
　館, 1999.

鳥山由子[監修]　青松利明・青柳まゆみ・石井裕志・鳥山由子[編著]
　『視覚障害学生サポートガイドブック：進学・入試から卒業・就職までの
　実践的支援ノウハウ』. 日本医療企画, 2005.

英国盲人協会[著]　鳥山由子[監修]　青松利明・山田慶子[監訳]
　『イギリスの視覚障害児特別支援教育：シェーピング・ザ・フューチャー
　プロジェクト報告書』. 明石書店, 2005.

後 書 き

　私は、公立の盲学校で6年間、筑波大学附属盲学校で21年間、合わせて27年間理科の教師として盲学校に勤務しました。

　公立の盲学校では、視覚障害生徒自身が実験や観察を行うことが生徒に大きな喜びと自信を与えること、そのためには基礎的な技術の習得に時間をかける必要があること、視覚障害生徒にとって練習の効果は概して非常に大きいことなどを学びました。

　附属盲学校の教育実践においては、視覚に障害のある生徒が自主的に学ぶ環境を整え、基礎・基本の技術を丁寧に指導することによって、生徒は見通しを持って主体的に活動し、視覚以外の感覚を駆使して自然と向きあうことができることを学びました。また、一般の中学校・高校の理科教員との研究交流を通じて、五感を使って自然に向きあうことは理科教育の本質であるがゆえに、視覚に障害のある生徒のために工夫された実験・観察の授業は、障害のない生徒にも有効であることが示唆されました。

　高校生のときから「盲学校の先生になりたい」と思っていた私ですが、盲学校の教職の実際は予想をはるかに超えて創造的な仕事であり、本当に幸せな体験をさせていただきました。

　平成10年の9月から、私は筑波大学心身障害学系の一員として、視覚障害教育学の研究と指導に従事することになりました。学生には、視覚障害教育の実際にふれ、視覚に障害のある人の目線で教育の在り方を考えられるようになってもらいたいと願って、教育実践の現場に積極的に連れ出すようにしました。現在では、附属盲学校の教育活動にボランティアとして参加したり、大学と盲学校との共同研究に関わる学生が増えています。

　また平成18年度からは、附属盲学校の高等部生徒の筑波大学見学会を大学と附属盲学校が共同で企画・実施するという、高大連携プログラムが実現しました。その際にも、学生たちが点字や拡大文字の資料作りや見学ツアーの

企画、当日の誘導などを引き受けています。この行事は、盲学校の高等部生徒にとっても、大学で視覚障害学を学ぶ学生にとっても意義深い活動になっています。

このように、大学の学生が視覚障害教育の現場に関わる機会を通して実践の知を学ぶ意義を感じたからだと思いますが、私が授業で紹介した盲学校の教育実践を中心に1冊の本にまとめてはどうかという提案が学生たちからありました。現在私の研究室にいる学生だけでなく、私が大学で顧問を務めている視覚障害教育・心理・福祉研究会の学生や卒業生たちからの「私たちが編集作業に協力します」という熱心な申し出に押されて、力不足ながら、これまでの実践記録をもとに、附属盲学校にも協力をお願いして、視覚障害指導法の書を出版しようと決心しました。

附属盲学校からは、皆川春雄校長以下、理科、数学、体育、進路指導を中心に、多くの先生方が盲学校教育の今日的課題と実践を執筆してくださいました。また、筑波大学で学位を取得した台湾の賀夏梅氏、インドのロビンソン・タンブラジュ氏からも寄稿していただきました。

さらに、私が筑波大学で教鞭を執っていた間に視覚障害教育・心理・福祉研究会に集った卒業生と在学生が編集協力者として働いてくれました。この編集協力者たちの献身的な働きがなければ、本書が世に出ることはなかったと思います。特に、代表の青柳まゆみさんと副代表の森まゆさんは、緻密な編集作業を支えてくれました。

最後になりましたが、ジアース教育新社の加藤勝博氏には大変お世話になりました。記して感謝申し上げます。

平成19年3月17日

鳥山　由子

編 集 後 記

　鳥山先生が筑波大学で教鞭を取られた8年半の間に、多くの学生が先生にご指導いただきました。その中には、初めから視覚障害教育を志して先生の研究室の門をたたいた学生もおります。しかし、鳥山先生の講義を受講し、先生が目を輝かせて視覚障害教育のおもしろさについて語られるのを聞いて、新鮮な感動を覚え、盲学校の教師を強く志すようになった者も少なくありません。

　先生はいつも、ご自身の実践経験を踏まえた説得力のある講義をしてくださいました。その内容をもっと多くの方々に伝えたい、鳥山先生のお考えと実践のノウハウをぜひ指導書という形で残していただきたい。そんな思いで、丁度1年前、私たちは鳥山先生に本書の出版をご提案しました。

　鳥山先生の教育理念と、その情熱の結果としてのたゆまぬ実践の記録が1冊の本として世に出ることは、先生にご指導いただいた私たちにとっても大きな喜びです。私たちは、本書の誕生のきっかけを作ることができ、そして微力ながら編集のお手伝いをさせていただけましたことを、大変光栄に思います。

　今後私たちは、それぞれ教育や研究の場で視覚に障害のある人たちの教育と支援に関わる活動を続け、鳥山先生からご指導いただいたことを継承できるように努力を重ねていきたいと思います。

平成19年3月
編集協力者一同

執筆者ほか一覧

編著者

鳥山　由子（とりやま　よしこ）… Ⅰ、Ⅱ－❷、Ⅲ－❶、Ⅳ、Ⅴ、Ⅵ、資料

　　昭和41年、東京教育大学特殊教育学科卒業。

　　公立中学校、愛知県立岡崎盲学校の教諭を経て、昭和53年4月より筑波大学附属盲学校教諭。中学・高等部理科、特に化学実験や触覚を用いた観察等の指導法の発展に尽力。

　　平成10年9月より筑波大学心身障害学系助教授（平成13年4月より同教授）。
　　平成13年5月、博士（心身障害学）取得。
　　平成16年4月より大学院人間総合科学研究科教授。
　　　　平成13年5月より筑波大学障害学生支援専門委員会委員長。
　　　　平成16年4月より筑波大学附属学校教育局次長。

　　昭和63年10月より日本自然保護協会講師。
　　平成8年7月より日本視覚障害理科教育研究会（JASEB）会長。
　　平成16年4月より日本博物館協会バリアフリー委員会委員。

執筆者

青松　利明（あおまつ　としあき）……………………………… Ⅳ、Ⅵ－❷
筑波大学附属盲学校教諭（中・高等部社会）

青柳まゆみ（あおやぎ　まゆみ）……………………………………… Ⅳ
聖徳大学非常勤講師

石崎　喜治（いしざき　よしはる）……………………………… Ⅱ－❶－ⅰ
筑波大学附属盲学校教諭（中・高等部理科）

賀　　夏梅（が　かばい）……………………………………… コラムⅥ－❸
台湾国立彰化師範大学　特殊教育学系　助理教授

瀬川三枝子（せがわ　みえこ）…………………………………… コラムⅤ－❶
日本自然保護協会自然観察指導員

高村　明良（たかむら　あきよし）………………… Ⅲ－❷、コラムⅥ－❶
筑波大学附属盲学校教諭（中・高等部数学）

武井　洋子（たけい　ようこ）………………… Ⅱ－❶－ⅲ、Ⅱ－❷－ⅰ
筑波大学附属盲学校教諭（中・高等部理科）

田中　智成（たなか　ともなり）………………………………… コラムⅤ－❷
東京都立八王子盲学校教諭（中・高等部社会）

浜田志津子（はまだ　しづこ）…………………………………… Ⅱ－❶－ⅱ
筑波大学附属盲学校教諭（中・高等部理科）

原田　清生（はらだ　すがお）……………………………………… Ⅲ－❸
筑波大学附属盲学校教諭（中・高等部保健体育）

半田こづえ（はんだ　こづえ）　……………………………………… Ⅴ－❷
筑波大学大学院博士課程　人間総合科学研究科

間々田和彦（ままだ　かずひこ）　……………………………… Ⅱ－❶－ⅳ
筑波大学附属盲学校教諭（中・高等部理科）

皆川　春雄（みながわ　はるお）
筑波大学附属盲学校長、元全国盲学校長会会長 ………………………… 序章

宮内　久絵（みやうち　ひさえ）………………………………………… Ⅵ－❸
筑波大学大学院博士課程　人間総合科学研究科

Robinson Thamburaj（ロビンソン　タンブラジュ）……… コラムⅥ－❸
Reader, Department of Mathematics, Madras Christian College, India

イラスト
芹澤　晴子（せりざわ　はるこ）
筑波大学大学院修士課程　教育研究科

編集協力委員会

顧　問	皆川　春雄	筑波大学附属盲学校長
代　表	青柳まゆみ	聖徳大学非常勤講師
副代表	森　　まゆ	筑波大学大学院生
協力者	半田こづえ	筑波大学大学院生
	宮内　久絵	筑波大学大学院生
	甲藤　純一	筑波大学大学院生
	呉　　純慧	筑波大学大学院生
	渡邊　明音	筑波大学大学院生
	田中　智成	東京都立八王子盲学校教諭
	青松　利明	筑波大学附属盲学校教諭
	猪鼻　和子	東京都立葛飾盲学校教諭
	本田　智夏	東京都立久我山盲学校教諭
	薬袋　　愛	山梨県立盲学校教諭
	本岡　まい	東京都立江戸川養護学校教諭
	佐野由貴子	筑波大学学生
	武田　直子	筑波大学学生
	藤田美紗子	筑波大学学生
	藤本　　剛	筑波大学学生

● テキストデータのご提供について

　視覚障害、肢体不自由、その他の理由により本書をお読みになれない方へ、本書のテキストデータをCD-ROM等で提供いたします。お名前・ご住所・電話番号を記載した連絡票と200円分の切手、本ページ左下のテキストデータ引換チップ（複写不可）を同封し、下記の住所までご郵送ください。

＜宛　先＞

〒101-0054

東京都千代田区神田錦町１－23　宗保第２ビル

㈱ジアース教育新社　編集部

『視覚障害指導法の理論と実際』テキストデータ係

視覚障害指導法の理論と実際
―特別支援教育における視覚障害教育の専門性―
＜オンデマンド版＞

平成29年９月19日　初版第１刷発行

■編　著　鳥　山　由　子

■発行所　ジアース　教育新社

■発行者　加　藤　勝　博

〒101－0054　東京都千代田区神田錦町１－23 宗保第２ビル
　　　　　Ｔｅl.03-5282-7183
　　　　　Fax.03-5282-7892
　　　　　E-mail:info@kyoikushinsha.co.jp
　　　　　Ｕ Ｒ L:http://www.kyoikushinsha.co.jp/

ISBN978-4-86371-438-0 C3037　¥2400E
乱丁・落丁はお取り替えいたします。（禁無断転載）

テキストデータ
引換チップ